HANS-JÜRGEN LOUVEN

UNERWÜNSCHT IM ORIENT

**WIE WIR IM VERTRAUEN AUF GOTT
UM UNSERE HEIMAT KÄMPFTEN**

SCM
Stiftung Christliche Medien

SCM Hänssler ist ein Imprint der SCM Verlagsgruppe, die zur Stiftung Christliche Medien gehört, einer gemeinnützigen Stiftung, die sich für die Förderung und Verbreitung christlicher Bücher, Zeitschriften, Filme und Musik einsetzt.

© 2021 SCM Verlagsgruppe GmbH
Max-Eyth-Straße 41 · 71088 Holzgerlingen
Internet: www.scm-haenssler.de; E-Mail: info@scm-haenssler.de

Soweit nicht anders angegeben, sind die Bibelverse
folgender Ausgabe entnommen:
Lutherbibel, revidiert 2017, © 2016 Deutsche Bibelgesellschaft, Stuttgart

Weiter wurden verwendet:
Neues Leben. Die Bibel, © der deutschen Ausgabe 2002 und 2006
SCM R.Brockhaus in der SCM Verlagsgruppe GmbH Witten/Holzgerlingen

Umschlaggestaltung: Erik Pabst, www.erikpabst.de
Titelbild: Sape Oscar
Autorenfoto: © Walter Rösler
Bildteil: © Hans-Jürgen Louven
Satz: typoscript GmbH, Walddorfhäslach
Druck und Bindung: GGP Media GmbH, Pößneck
Gedruckt in Deutschland
ISBN 978-3-7751-6087-2
Bestell-Nr. 396.087

Meiner treuen Renate und unserer tapferen Hanna,
die mir nicht nur in diesen so bewegten Tagen,
sondern auch sonst auf dem Weg
und in einer ach so anderen Kultur zur Seite standen.

»Nicht uns, HERR, nicht uns,
sondern deinem Namen gib Ehre
um deiner Gnade und Treue willen!
Warum sollen die Heiden sagen: Wo ist denn ihr Gott?
Unser Gott ist im Himmel; er kann schaffen,
was er will.«

Psalm 115,1-3

Inhalt

»Kaçak« – auf der Flucht 7
Vorwort 9
Vorwort von Hans-Georg und Margret Hoprich
(DMG Deutschland) 11

Teil 1: Aufbrüche 15
1 | Aufbruch rückwärts 16
2 | Wieder vor Ort 24
3 | Alltag im Orient 30
4 | Gelernt ist gelernt 34
5 | Die Feste feiern, wie sie fallen 42
6 | Versehen verstehen 52
7 | Keine Arbeiter ohne Ernte! 57
8 | Die Kirche im Dorf 65
9 | Ein Unglück kommt selten allein 68

Teil 2: Ausgewiesen 71
10 | Gewitterfronten 72
11 | Einfach gehen? 78
12 | Und er führte mich hinaus ins Weite 85
13 | Wir gehen an die Öffentlichkeit 89
14 | Sie kamen heute Morgen 98
15 | Abgetaucht 103
16 | Warten und Hoffen 113
17 | Istanbul Airport, die erste 126

Teil 3: Was er will! 131

  18 | Doch nur ein Intermezzo… 132

  19 | Istanbul Airport, die zweite 144

  20 | Da und doch nicht 150

  21 |»Siehe, ich wirke Neues!« 158

Nachwort 163

Begleitwort von Volker Kauder 165

Anhang: Zum Thema Religionsfreiheit in der Türkei 167

Bericht der »Freedom of Belief«
Initiative des Norwegischen Helsinkikomitees 2019 168

Aktueller Menschenrechtsbericht
protestantischer Kirchen in der Türkei 2020 172

»Kaçak« – auf der Flucht ...

Vom Stadtzentrum hinunter in Richtung der umliegenden Dörfer bewegte ich mich zielstrebig und zügig auf dem Mountainbike, um zu unserer kleinen Farm am Stadtrand zu kommen. Mein Atem ging regelmäßig, die Gedanken jedoch waren in großer Aufruhr.

Gerade eben hatte mein Anwalt mir eröffnet, dass ich gesucht würde und eigentlich nur zwei Möglichkeiten hätte: »Du kannst einige Tage in Abschiebehaft verbringen und darauf warten, dass sie dich außer Landes schaffen. Oder du versteckst dich irgendwo so lange, bis im günstigsten Fall deine Ausweisung aus der Türkei vom Gericht ausgesetzt wird.«

Während ich diese zwei Optionen gedanklich hin- und herwälzte, wählte ich auf meinem Weg in Richtung Stadtrand nun bewusst kleinere und zum Teil auch holprige Feldwege, um mein Ziel zu erreichen. Dort würde ich meine in diesen Tagen so tapfere Tochter Hanna sehen und einige Dinge mit ihr besprechen können.

Noch eine kleine Wegstrecke hatte ich vor mir: Diese stand im Winter oft unter Wasser und wurde auch im Sommer selten von Fahrzeugen genutzt. Endlich näherte ich mich der kleinen Brücke, die Besuchern den unbefestigten Weg zu unserem Grundstück wies. Wenn irgendein behördlich scheinendes oder gar offensichtlich als solches erkennbares Polizeiauto davorstand, würde ich schleunigst das Weite suchen. Doch ich hatte Glück: Vor dem Haus standen nur zwei mir bekannte Fahrzeuge von guten Freunden unserer Familie. Mein Blick wanderte zu der schmalen Eingangstür, und als ich mich näherte, erkannte ich, dass sich Hanna mit einigen unserer Freunde auf unserer Farm eingefunden hatte. Ich begrüßte sie und erklärte ihnen kurz die Situation. Mitgefühl stand auf ihren Gesichtern geschrieben. Ich war »kaçak« – auf der Flucht ...

Niemals hätte ich gedacht, dass ich nach all den Jahren in der Türkei jemals in eine solche Bedrängnis geraten würde. Und doch war es so. Noch hatte ich mich nicht entschieden, welche der zwei von meinem Anwalt erwähnten Möglichkeiten ich wählen würde...

Vorwort

In unserem ersten Buch (Verlag Herder 2011: *Hans-Jürgen, das Lamm ist da*) beschrieben wir unseren Weg zunächst als Ehepaar, dann als Familie von Deutschland bzw. Österreich zu einer uns besonders in der ersten Zeit sehr fremden und ungewohnten Kultur. Über viele verschiedene Stationen ging es für uns als »Gastarbeiter« in der Türkei nicht nur zu einem neuen Lebensumfeld, sondern hinein in Beziehungen zu vielen Menschen, Familienverbänden und letztlich einer Kultur, in die wir uns mehr und mehr einfügten, ohne unsere eigene Identität und eigenen Überzeugungen zu verleugnen.

Wir erzählten auch, dass wir nach fast zehn Jahren die schwere Entscheidung trafen, für zunächst einmal einige Jahre den Weg zurück nach Europa anzutreten. Dort sollte Hanna, damals 11 Jahre alt, die weiterführende Schule absolvieren und auch ich wollte als später Referendar noch einmal die Schulbank drücken.

Wir berichteten von den verschiedenen Herausforderungen dieser Re-Integration und beleuchteten dabei auch einige gesellschaftspolitische Fragen der Zeit, zum Beispiel die Integration der schon damals hohen Zahl von Migranten und Asylanten in Deutschland. Wir verstanden uns manchmal mit unseren in Asien gemachten Erfahrungen als eine kleine Brücke und Hilfe zum zwischenmenschlichen Verständnis der Kulturen. Das Buch endete mit einem Hinweis auf die Gefahren, aber auch den Reichtum eines »Lebens auf dem Fluss« und der Frage nach möglichen Wurzeln der Identität. Auf den letzten Seiten schrieb ich, dass wir uns durchaus eine weitere Zeit in unserem lieb gewonnenen asiatisch-türkischen Umfeld vorstellen konnten. Und so ist es dann auch gekommen ... allerdings nicht immer so, wie wir es uns erwartet hätten, wie der Prolog dieses

Buches zeigt. Es war aber mindestens genauso lehrreich und spannend wie unsere erste Zeit.

Auch wenn manche der nachfolgenden Seiten die Türkei in einem sehr anderen Licht zeigen, als es unser erstes Buch getan hat, soll dies keine Abrechnung mit einem Staatssystem sein, das uns als Familie hier und da und besonders zum Schluss großes Unrecht zugefügt hat. Wir leben aus der Vergebung und sind uns sehr wohl auch unserer eigenen über die Jahre gemachten Fehler bewusst.

Da wir um einen wissen, der einen hohen Preis bezahlt hat, dürfen wir frei und offen von dem erzählen, was Gott in und durch uns und um uns herum getan hat. Es sei *ihm* zur Ehre und wir hoffen und beten, dass es auch manchen Leser ermutigen und inspirieren wird.

In Berücksichtigung des Umfeldes und zu ihrem eigenen Schutz wurden die Namen etlicher Mitarbeiter und einheimischer Freunde verändert.

Vorwort von Hans-Georg und Margret Hoprich
DMG Deutschland

Wir hatten das Privileg, Familie Louven in den vergangenen Jahren in ihrem Dienst und Einsatz begleiten zu dürfen. Als Leiter des Bereichs Auslandsdienste (»TAM«) des Bundes Evangelikaler Gemeinden in Österreich (www.BEG.or.at) wurden wir immer wieder mit Leidenschaft und Nachdruck von Renate und Hans-Jürgen eingeladen, sie doch einmal auf ihrem Arbeitsfeld zu besuchen. Im Dezember 2018 packten wir die Gelegenheit beim Schopf und reisten nach Muğla, einem wunderschön gelegenen Ort in den Bergen von Kleinasien! Wir erlebten Gastfreundschaft in ihrer reinsten Form, tiefe Gemeinschaft und einen Crash-Kurs zum Thema »Einführung in die türkische Kultur«! Louvens ungefärbte Liebe zu den Menschen um sie herum – so vorbehaltlos –, ihr natürlicher Umgang mit ihnen – so offen und ohne Scheu – haben uns zutiefst beeindruckt!

»Das ist wirkliche Heimat für sie«, »Sie sind in ihrem Element«, »Sie suchen kreative Wege, um diese Kultur mit der befreienden Botschaft zu erreichen«, »Sie kümmern sich um solche, die das Angebot Jesu schon angenommen haben und teilweise dem Unverständnis und den Repressalien ihrer Familienangehörigen und ihres weiteren Umfelds ausgesetzt sind« – das waren nur ein paar der Eindrücke, die sich uns tief eingeprägt haben.

Ihr weit gereistes Oldtimer-Wohnmobil entpuppte sich als ein treues Gefährt, das flexibel und überall einsetzbar als Begegnungsort, mobiles Wohnzimmer und Teestube diente. Viele wichtige Gespräche wurden darin geführt, Menschen bei einer Tasse Tee mit Isa (Jesus) bekannt gemacht. Ob am Meer oder in den kleinen Dörfern in den Bergen um Muğla – das Wohnmobil war der Hingucker und machte die Menschen neugierig...

Die Yayla – die liebevoll gehegte kleine Farm auf dem Land – diente als sicheres Plätzchen der Begegnung mit Gleichgesinnten und als willkommener Rückzugsort... Manch fröhliches christliches Lied mischte sich in das Vogelgezwitscher rundum.

Einen besonderen Eindruck wollen wir nicht vergessen zu erwähnen: Die Visionen und Ideen, die Hans-Jürgen und Renate immer wieder angetrieben haben und bis heute antreiben, leidenschaftlich nach neuen Mitarbeitern im »Weinberg« zu suchen und dafür zu werben... Sie freuten sich über Hauseltern fürs Gästehaus, über Besucher aus dem Ausland, die eine Zeit lang in ihre geliebte Kultur eintauchen wollten.

Louvens große Liebe zu Land und Leuten ist definitiv auf uns übergesprungen und die Begegnungen mit den einheimischen Geschwistern, die intensive geistliche Gemeinschaft mit ihnen (trotz der Anfeindungen von außen), vor allem mit »Richard«, dem alten Tierarzt mit seiner Wundergeschichte der Bekehrung...; der Familienabend mit dem Dutzend VW-Oldtimer-Fans in Louvens kleinem Wohnzimmer, bei dem wir von den »Yamyams« (türk. für »Menschenfresser«) aus unserer Zeit in Papua-Neuguinea als DMG-Missionare (www.DMGint.de) und von der Brücke erzählen konnten, die Gott zu uns Menschen baut...

All dies und noch viel mehr wird uns unauslöschlich in Erinnerung bleiben! Unglaublich, was man in einer knappen Woche mit Familie Louven alles erleben kann...!

Auch wegen dieser wertvollen Erlebnisse kam die Schreckensnachricht über Hans-Jürgens offizielle Ausweisung wie ein Schock. Wir wurden hier in Österreich ja zeitnah durch aktuelle WhatsApp-Berichte mit hineingenommen in die Ereignisse, die sich damals schier überschlagen haben. Und doch lag in all dem die gnädige

Hand unseres Herrn so sichtbar auf seinen Kindern! Bis heute können sie in ihrer geliebten Wahlheimat wirken, was für sich alleine schon ein großes Wunder ist! Wenn unser Gott eine Türe aufmacht, wer sollte sie schließen?!

Von Herzen wünschen wir dem nunmehr zweiten spannenden Buch viele aufmerksame Leser! Mögen sie ganz neu inspiriert und ermutigt werden, für dieses faszinierende Land zu beten und in jeder Situation völlig auf Gott zu vertrauen! Er wird's wohl machen!

Hans-Georg und Margret Hoprich

TEIL 1

AUFBRÜCHE

1
AUFBRUCH RÜCKWÄRTS

Bereits 1994 hatten meine Frau Renate und ich ungefähr ein Jahr nach unserer Eheschließung den Entschluss verwirklicht, miteinander in die Türkei zu ziehen. Schon davor hatten wir unabhängig voneinander erste Erfahrungen mit der türkischen Kultur und den Menschen gesammelt. Während Renate als Krankenschwester in Österreich immer wieder einmal mit türkischen Patienten zu tun hatte und letztlich mit einigen von ihnen eine Reise in die Türkei unternahm, machte ich ungefähr zeitgleich bei verschiedenen Sommeraufenthalten in der Türkei überwiegend positive Erfahrungen mit Land und Leuten. Von unseren christlichen Heimatgemeinden in diesem Weg bestätigt, wurden wir von den Freunden in Deutschland und Österreich verabschiedet.

Zwischen 1994 und 1996 waren wir schwerpunktmäßig mit dem Erlernen der Sprache und dem Hineinfinden in die Kultur beschäftigt. Wir konnten uns aber bereits damals gut vorstellen, langfristig im Land zu bleiben und dort eine Arbeit aufzubauen. Mit allerlei ersten Erfahrungen und recht guter Kenntnis der Sprache kehrten wir zunächst für einen verlängerten Aufenthalt nach Europa zurück (unsere Tochter Hanna wurde im April 1997 dort geboren). Nachdem wir in Deutschland in Verbindung mit einer christlichen Reisegesellschaft kamen, konkretisierten sich unsere ersten Pläne und Vorstellungen zunehmend. Im Mai 1998 machten wir uns dann als Familie auf den Weg in den Südwesten der Türkei, wo wir zunächst eine Wohnung bezogen und ich dann wenig später sehr zentral in der Stadt ein Verbindungsbüro für die besagte Reisegesellschaft eröffnete.

War anfangs unsere Aufgabe noch mehr auf unsere Stadt und das Umfeld begrenzt, bauten wir in den nachfolgenden Jahren zwei historische Häuser zu Gästehäusern um und gründeten hierzu eine GmbH im Land selbst. Unsere Gäste konnten Ausflüge zu den umliegenden biblischen Orten (zum Beispiel Ephesus, Laodicea und Hierapolis) machen. Weitere Mitarbeiter kamen aus Europa hinzu und unsere Tätigkeit weitete sich aus. Wir hatten Besucher von überall her und in der Stadt und im Umfeld wurden wir immer bekannter, trug unsere Tätigkeit im Tourismus doch auch zum Wohl der Stadt bei. Der »Glaubenstourismus« (so nannte man unsere Tätigkeit auch übersetzt in der Türkei) führte immer wieder zu Gesprächen mit den Einheimischen über den christlichen Glauben. Darüber freuten wir uns, lag uns das doch sehr auf dem Herzen.

Nachdem Hanna in der Türkei eine recht sorglose Kindheit erlebt und nach der Vorschule auch die ersten Jahre der Grundschule gut absolviert hatte, stellte sich die Frage nach ihrer künftigen schulischen Ausbildung. Es gab noch einige weitere wichtige Faktoren (zum Beispiel unsere familiäre Situation), sodass wir uns schließlich nach ausgiebiger Prüfung und Beratung zu einem damals für uns schwierigen Schritt durchrangen: Wir entschlossen uns 2008, zumindest für eine längere Zeit nach Europa zurückzukehren und Hanna dort ihre Schulbildung beenden zu lassen.

In der Folge lebten wir für ca. sechs Jahre am Niederrhein in Deutschland; daran schloss sich noch ein weiteres Jahr in Renates Heimat Vorarlberg an. Ich selbst arbeitete in der Zeit als Lehrer bzw. holte zunächst noch mein Referendariat nach, das mir nach meinem Lehramtsstudium noch fehlte, da wir damals schon in die Türkei ausgereist waren.

Immer wieder merkten besonders Hanna und ich jedoch, dass wir uns eigentlich nicht vorstellen konnten, unserem vorherigen Lebensumfeld für immer fernzubleiben. Erinnerungen an die Zeit in der

Türkei, unsere Freunde dort, das zurückgelassene Umfeld kamen immer wieder in Gedanken hoch. Regelmäßig kehrten wir in die Türkei zurück – zwischendurch in den Ferien und Hanna auch einmal als Austauschschülerin für eine längere Zeit. Während all der Jahre behielten wir unser Haus dort. Zudem wurde unsere Arbeit mit den Gästehäusern von unseren ehemaligen Mitarbeitern weitergeführt, wenn auch in etwas kleinerem Rahmen. Von daher war es für uns durchaus eine Option, wieder in die Türkei und zur alten Arbeit zurückzukehren. Immer wieder führten mich die Gedanken und Gebete zurück zum früheren Umfeld und zur für uns noch nicht abgeschlossenen Arbeit.

»Was machst du eigentlich hier?« Diese Frage kam zum Teil unerwartet und in unterschiedlichen Situationen in mir hoch. Zum Beispiel als ich als Lehrer auf dem Weg in die nächste Schulklasse war, den Schlüssel für den Bio-Fachraum in der Hand haltend. Oder als Zuschauer des Karnevalszuges, der sich durch die Straßen meiner rheinischen Heimatstadt schlängelte. Was machte ich eigentlich hier? Ich dachte dann besonders an unser gerade leer stehendes Haus in der Türkei sowie die geräumige und jetzt ebenfalls ungenutzte Farm am Stadtrand; ich dachte an die verschwindend geringe Zahl von christlichen Arbeitern dort und unsere über Jahre und zum Teil recht mühsam erworbenen Sprach- und Kulturkenntnisse. Auch als wir vom Rheinland in Renates Heimatland Österreich zogen und ich eine tolle Anstellung als Lehrer an einer gerade gegründeten christlichen Schule bekam, verstummte diese Frage in mir nicht: »Was machst du eigentlich hier?«

Nachdem ich sie nicht mehr wegschieben konnte, brachte ich sie auch vor unsere Gemeindeältesten. Eine kurze Auszeit am Bodenseeufer in Meersburg wollte ich dazu nutzen, mehr Klarheit über unseren weiteren Weg zu gewinnen.

Zunächst wollten wir noch einige alte Freunde besuchen, die in der Vergangenheit manche Arbeiten im Hintergrund für uns erledigt hatten. Hatte ich bereits in Deutschland manchmal den Eindruck gehabt, dass Gott mich zu einer weiteren Einsatzzeit in der Türkei ermutigen wollte, wertete ich das Statement eines Mitarbeiters dort als einen sehr deutlichen weiteren Hinweis in diese Richtung: »Ich habe den Eindruck, Gott ruft euch in die Türkei zurück. Mir ist Apostelgeschichte 13 in den Sinn gekommen, wo Paulus und Barnabas zu ihrem Dienst unter den Völkern ausgesandt werden.«

»Das ist das, was ich auch empfinde«, konnte ich damals nur sagen und war ziemlich dankbar, dass Gott uns noch vor unseren Einkehrtagen eine solche Bestätigung gegeben hatte. Auch Renate, die im Blick auf eine weitere Ausreise in die Türkei weniger enthusiastisch war als ich, sah es so. Somit hatten wir eine klare Antwort auf unsere Frage bekommen. Wir verbrachten dann eine unbeschwerte Zeit in unserem kleinen Hotel in Meersburg und lernten neben dem nahen Thermalbad auch einige Christen aus der Schweiz kennen.

Im Anschluss konnten wir uns direkt konkreter an die Vorbereitungen machen. Noch war vieles offen, aber die grundsätzliche Frage nach unserem zukünftigen Einsatzort schien nun geklärt. Der Abschied von der neu gegründeten christlichen Entdecker-Schule in Vorarlberg, manchen türkischen Bekannten im Umfeld und natürlich den Freunden aus der Gemeinde war zwar nicht nur leicht, aber die Qualität neuer Herausforderungen war gewiss…

Nach der Übergabe unseres gemieteten Hauses und der Einlagerung einiger Möbel und Gegenstände bei Freunden machten wir uns im Sommer 2015 auf die Wieder-Ausreise in den Orient. Unsere damals 19-jährige Tochter Hanna würde uns zunächst nicht begleiten, weil sie nach ihrem Schulabschluss einen Einsatz mit einer christlichen Organisation in Südamerika machen würde. Sie würde allerdings noch vor diesem Einsatz für ein paar Wochen zusammen mit einem Team von jungen Leuten zu uns stoßen.

Am Tag unserer Abreise aus Österreich nahmen wir noch an einer letzten Zusammenkunft bei Renates Arbeitsstelle im Betreuten Wohnen teil. Es war schon Nachmittag, als wir uns dann letztlich von dort verabschiedeten und uns mit unserem Renault Kangoo und einigen Bananenschachteln im Laderaum über die Grenze nach Liechtenstein und die Schweiz aufmachten. Der erste Abschnitt unserer Reise führte uns in Richtung Chur und die Schweizer Alpen, durch den Gotthardtunnel hindurch nach Italien. Bei einbrechender Dunkelheit suchten wir uns einen Schlafplatz und wurden bei einem Rastplatz vor der Autobahn nach Mailand fündig. Zunächst breiteten wir unser Luftbett auf einem Grünstreifen aus, zogen später jedoch etwas näher zu den Waschplätzen um. Die Nacht war nicht die allerbeste, wir fanden aber dennoch genug Schlaf, um gestärkt Richtung Ancona und damit unserer zuvor gebuchten Fähre weiterfahren zu können.

Am Hafen angekommen, fanden wir nach dem Check-in noch etwas Zeit zur Orientierung, bevor es in das Innere des großen Fährschiffes ging. Igoumenitsa in Griechenland war wie auch schon bei früheren Fahrten in die Türkei unser Ziel. Die Überfahrt war gut, die Nacht verbrachten wir wie gewohnt unter freiem Himmel auf dem Zwischendeck. Griechenland empfing uns mit einem wolkenlosen, blauen Himmel. Unser kleines Auto erklomm geübt die ersten größeren Steigungen der relativ neuen Autobahn Richtung Thessaloniki. Hinter dem biblischen Beröa und der Metropole Thessaloniki wiesen schon die ersten Hinweisschilder Richtung Türkei.

An der Grenze bei Ipsala angekommen, waren wir bei Weitem nicht die Einzigen, die Richtung Asien wollten. Wie gut, dass wir das Prozedere schon kannten und alle nötigen Papiere inklusive gültigem Versicherungsschein für den asiatischen Teil der Türkei vorweisen konnten. Zügig wurden wir abgefertigt und bereits hinter der Grenze passierten wir wie schon oft zuvor das große Schild »Türkiye'ye hoşgeldiniz« – willkommen in der Türkei! Dass die Türkei im Wandel war, hatten wir schon bei zwischenzeitlichen Besuchen mitbekommen, und auch die Medien in Europa berichteten mehr oder weniger ausführlich in Wort und Bild darüber. R. T. Erdoğan an der Spitze des Staates und die ebenfalls von ihm geleitete »Ak Parti« (Partei für Gerechtigkeit und Wachstum) führten bereits zu dieser Zeit das Land in eine neue Richtung. Wie sich dies im Lebensalltag der türkischen Bevölkerung auswirkte, würden wohl unsere nächsten Jahre hier vor Ort zeigen. Dass es Auswirkungen hatte, merkten wir allerdings sehr bald an den Beziehungen der Menschen untereinander. Wir hatten nämlich den Eindruck, dass es zwischenmenschlich, verglichen mit unseren früheren Erfahrungen in der Türkei, eine Spur kälter geworden war. Und das lag ganz sicher nicht an den gerade sommerlich heißen Temperaturen und der Mentalität der Menschen um uns herum…

Wie ganz anders war es früher gewesen… Ich erinnere mich da zum Beispiel rückblickend noch gut an einen Abend in der kleinen Stadt Gelibolu unweit der sich für uns jetzt nähernden Meerenge zwischen Europa und Asien. Es muss im Sommer 2010 gewesen sein, also zwei Jahre nach unserer damaligen Rückkehr nach Deutschland. In den Schulferien hatten wir uns als Familie zusammen mit einer jungen Abiturientin auf den Weg in unsere frühere Wahlheimat gemacht. Von türkischen Bekannten eingeladen, verbrachten wir einen Abend in der kleinen Hafenstadt direkt an der Meerenge zwischen Europa und Asien. Schon kurz nach dem Abstellen unseres Autos befanden wir uns mitten im pulsierenden Leben des Ortes. Junge und ältere Menschen bewegten sich durch das orientalisch geprägte Umfeld (obwohl wir uns noch auf dem europäischen Kontinent befanden), saßen in den direkt an die Straßen grenzenden

Teegärten, kauften bei den umliegenden Straßenhändlern ein, freuten sich einfach ihres Seins. Immer wieder trafen von der gegenüberliegenden Seite der Meeresenge (also der asiatischen Seite) kleinere oder manchmal auch größere Fährschiffe ein, andere machten sich mit dem Auto von Gelibolu auf den Weg nach Asien.

»Das Leben inhalieren« heißt ein Lied des österreichischen Interpreten Wolfgang Verocai – das passte sehr gut zu den Menschen, die sich da auf den Straßen tummelten. Und ganz allgemein zum Orient: Zeit haben, warme Temperaturen und herzliche menschliche Beziehungen, sich fallen lassen, genießen, einander Freund sein ... Warum haben wir eigentlich hier in Europa so vieles von dem »verlernt«? Ich erinnere mich noch an Kindheitstage am Niederrhein, an denen wir im Sommer draußen auf der damals wenig befahrenen Straße vor den Häusern spielten. Die Erwachsenen saßen auf den Treppen und unterhielten sich mit den Nachbarn rechts und links, deren Namen sie noch kannten. Wer hat uns weisgemacht, dass Fernseher und Internet dies ersetzen können? Was inhalieren wir da eigentlich – das Leben? Oder vielleicht etwas ganz anderes?

Doch zurück zu unserer Wiederausreise im Sommer 2015: Nachdem wir die Spitze der Meerenge bei Çanakkale mit der Fähre umfahren hatten, waren wir jetzt wirklich in Asien. Wir hatten Europa zurückgelassen und bewegten uns in Erwartung vieler neuer Ereignisse in Richtung unseres früheren Wirkungsortes im Südwesten des Landes. Zur Rechten lag die Ägäis und einige der antiken und zum Teil biblischen Orte der Türkei: Troja, Assos, Troas ... Wir näherten uns nun langsam der großen Metropole Izmir, dem früheren Smyrna, und waren froh um die mittlerweile weiter ausgebaute Umgehungsstraße mit Blick auf die großen Häuserfronten zu beiden Seiten. Schon heimisch kamen uns anschließend die ersten Hinweisschilder Richtung Aydin vor, unserer Nachbarprovinz im Norden. Das antike Ephesus zur Rechten passierend fuhren wir weiter auf der Autobahn, ließen Aydin links liegen und erklommen nun bald die letzte große Steigung zu dem Hochplateau, auf dem auch »unsere« Stadt Muğla liegt.

Das Ankommen war dann ein sehr besonderer Moment: Zwar kannten wir das hier alles schon, aber es markierte doch wieder einen neuen Abschnitt in unserem Leben. Anders als 1998 bei unserer ersten Ausreise hatten wir nun bereits unser eingerichtetes Haus vor Ort, kannten seit vielen Jahren unsere Nachbarn, die Siedlung, das neben unserem Haus gelegene kleine Lebensmittelgeschäft… Und so waren die Menschen dort auch nicht überrascht, uns mit unserem Kangoo um die Ecke biegen zu sehen. Es war mehr wie nach Hause kommen als in eine fremde Kultur einziehen. Nur unsere deutschen Autokennzeichen schienen an ein insgesamt ca. siebenjähriges Intervall der Abwesenheit zu erinnern…

2
WIEDER VOR ORT

Da waren wir nun erneut in unserer »Mahalle«. Obwohl dieses Wort im Deutschen wahrscheinlich am besten mit »Stadtteil« zu übersetzen wäre, ist es doch weit mehr als ein solcher. Eine Mahalle umfasst nicht nur Wohnblöcke, Straßen und Nachbarn. Sie ist vielleicht besser zu beschreiben als das ganze pulsierende, manchmal fast übersprudelnde Leben innerhalb eines Wohngebiets mit seinen jungen und alten Menschen, kleinen Geschäften, am Wegrand sitzenden Nachbarn, Feiern auf den Höfen und den Straßen. Hier hört man Kinder lachen, Frauen keifen, Männer diskutieren, Nachbarn von Balkon zu Balkon rufen. Hier geschieht Leben. Und in eine solche Mahalle waren wir damals aufgenommen worden und bald von vielen gekannt.

Es gibt einem Menschen eine große Sicherheit, in einem fremden Land nicht nur angekommen, sondern aufgenommen zu sein – einfach dazuzugehören. Diese Zugehörigkeit führt zu, wie wir erfahren haben, Rechten wie Pflichten, ist aber für mich ein unverzichtbarer Bestandteil wirklicher Integration. In einer Zeit, in der in Deutschland und anderen Staaten der europäischen Gemeinschaft zum Teil heftig das Thema Integration diskutiert wird, ist es für mich keine Frage, dass eine solche Zugehörigkeit zur »Mahalle« einen unschätzbaren Wert hat. Und hier sind unbedingt beide Seiten gefragt. Nicht nur aus diesem Grunde sehe ich es als eine sehr schlechte Entwicklung in manchen deutschen Großstädten, dass deutsche Bürger und solche mit Migrationshintergrund, speziell einem türkischen, nicht etwa Seite an Seite, sondern in verschiedenen Wohngegenden getrennt voneinander leben. Solche Entwicklungen werden den zahlreichen Integrationsbemühungen der Bundesregierung sicherlich nicht zuträglich sein, sondern ein starkes Hindernis auf diesem Weg.

Unsere Mahalle bestand aus etlichen Wohnblöcken mit insgesamt 112 Häusern, die innerhalb einer sogenannten »Kooperative« gebaut worden waren. Eine Kooperative ist ein in der Türkei sehr häufig vorkommender Zusammenschluss verschiedener Einwohner einer Stadt. Man tut sich zu einer größeren Gemeinschaft zusammen, um mit vereinten Kräften und Überlegungen daran zu arbeiten, Besitzer einer eigenen Wohnung werden zu können. Die für einen Einheimischen oft hohen Kosten des Wohnungsbaus werden auf diese Weise verringert. Man finanziert gemeinsam einen Architekten, den Bauträger und die Materialien, sodass die Kosten auf mehrere Schultern umgelegt werden können. Da die zukünftigen Wohnungsbesitzer aber meist nur einen gewissen monatlichen Beitrag zahlen können und kaum Rücklagen haben, kann sich das Vorhaben oft sehr in die Länge ziehen. Das ist einer der Gründe, warum man in der Türkei viele noch unvollendete Bauvorhaben an den Straßen und in den Städten sieht. Die Zahlung der monatlich fälligen Beiträge kann schon mal ein Problem darstellen und Anlass zu Meinungsverschiedenheiten geben. Auch in unserer Mahalle hat es nach Aussagen unserer Nachbarn etliche Jahre gedauert, bis die einzelnen Bauten annähernd bezugsfertig waren. Sogar danach ist das Zusammenleben manchmal nicht unproblematisch, wie wir hier und da feststellen mussten.

Gibt es Unstimmigkeiten unter den Nachbarn, so trägt man den Fall zum Ortsvorsteher (»Muhtar«) oder auch bis zum Bürgermeister der Stadt. Dieser ist in Muğla schon ungewöhnlich lange im Amt, ein ehemaliger recht bekannter Arzt. Osman Gürün konnte den negativen Finanzetat in schwarze Zahlen bringen und verstand es auch sonst, Projekte zu einem guten Ergebnis zu führen. Regelmäßig wurde er in den vergangenen Jahren mit Preisen ausgezeichnet und wurde zum besten Bürgermeister der ganzen Provinz gewählt. Mit den Jahren verband uns eine wachsende Freundschaft mit ihm und seiner Frau. Einmal hatte ich eine sogar für türkische Verhältnisse recht ungewöhnliche Begegnung mit ihm…

Eines Tages wollte ich in den Keller gehen, um die Luftpumpe für unsere Fahrräder zu holen. Da erwartete mich gleich am Eingang eine »Überraschung«: ein übler Geruch. Die provisorische Dichtung eines Abflussrohres hatte sich gelöst und Teile des abfließenden Wassers hatten sich in den Keller ergossen. Und nicht nur das: Die unter dem Abfluss lagernden Elektrogeräte waren von dieser ausgetretenen Brühe zum Teil überflutet worden.

Mein eigentliches Ansinnen hatte ich natürlich sofort vergessen, stattdessen begutachtete ich den Schaden. Meine Frau, die derweil im Haus tätig war und Ordnung schaffte, bemerkte nach einer Zeit meine Abwesenheit und fand mich im Keller inmitten der ganzen Schweinerei. Gemeinsam suchten wir nach der besten Lösung. Zunächst wollte ich den Schaden selbst reparieren, doch ich entschied mich letztlich, dem Rat meiner Frau zu folgen und einen Klempner zu rufen.

Während ich unten blieb, ging meine Frau nach oben, um zu telefonieren. Ich rief ihr zu: »Du kannst ihn vom Handy aus anrufen, er heißt Osman und sollte gespeichert sein.«

Meine Frau wählte und ich hörte, wie sie auf Türkisch ins Handy sagte, dass Hans-Jürgen und Renate dran seien. »Du kennst uns ja. Ich gebe das Gespräch jetzt an meinen Mann weiter.«

Da ich noch weiter im Keller mit der Mischung aus übel riechendem, abgestandenem Wasser und darin herumschwimmenden, aufgelösten Kartonteilen beschäftigt war, konnte ich das mir von meiner Frau entgegengehaltene Handy nicht entgegennehmen. So stellte ich mich an ihre Seite und näherte mich mit meinem linken Ohr dem von ihr gehaltenen Gerät. Der Klempner Osman war mir bereits seit Jahren bekannt, wir hatten ihn früher sowohl im eigenen Haus wie auch in unseren Gästehäusern beschäftigt.

»Hallo Osman, na, wie geht's? Hier ist der deutsche Hans (so bin ich in der Türkei bei vielen bekannt). Wo steckst du, was machst du?«

Die Stimme am anderen Ende kam mir etwas merkwürdig vor, doch ich schrieb es der Entfernung zwischen dem hingehaltenen Handy und meiner weiter als normal entfernten Ohrmuschel zu. Mehr als die Stimme merkwürdig erschien mir aber die Antwort von Osman auf meinen Gruß.

»Ja, danke. Ich bin zurzeit bei Sitzungen in Ankara. Ich rufe Sie später zurück.«

Was machte unser Klempner in Ankara? Und mit welcher Art Sitzung sollte er beschäftigt sein? Nun doch etwas verunsichert, bedankte ich mich und beendete das Gespräch. Nach Betätigung der entsprechenden roten Taste auf dem Handy erschien auf dem Display noch einmal der Name des zuvor gewählten Teilnehmers: Osman Gürün, Bürgermeister unserer Stadt Muğla... Meine geliebte Frau war wohl davon ausgegangen, dass es nur einen Osman in der Telefonliste gab und hatte gleich diesen angerufen. Wäre ein Stuhl bereitgestanden, hätte ich mich ob dieses Fauxpas wohl erst einmal setzen müssen. Zwar hatte ich immer wieder gute Begegnungen mit unserem Bürgermeister gehabt, aber so vertraut wie eben waren wir nun doch nicht miteinander.

Still ging ich nochmals meinen Teil des gerade geführten Gesprächs durch. Nein, das war auch für türkische Verhältnisse ziemlich daneben. Nur gut, dass ich nach der so vertrauten Begrüßung nicht gleich weitergesprochen hatte. Nicht auszudenken... »Osman, komm schnell – mein Rohr ist geplatzt«, wäre nur eine der Varianten dessen, was ich gesagt haben könnte. Wie hätte der Bürgermeister eine solche Aussage wohl verstanden, zumal er ohnehin in der Vergangenheit manchmal wegen für manche Hausbesitzer der Stadt unverständliche Erdarbeiten in die Kritik geraten war? Das wäre wirklich peinlich gewesen.

Nachdem sich sowohl bei mir selbst wie auch meiner Frau die anfängliche Erregung gelegt hatte und wir sogar über das Missgeschick schmunzeln konnten, fragte ich mich im Laufe des Tages aber doch immer wieder, wie unser Bürgermeister wohl auf unseren Anruf reagieren würde.

Und – sein Anruf kam! Nicht weiter auf meine vertrauliche Plumpheit eingehend, erkundigte unser Bürgermeister sich nach unserem Ergehen und wollte uns zu einem Essen einladen! Wir einigten uns letztlich auf ein gemeinsames Frühstück auf seinem Landsitz am Stadtrand. Als der vereinbarte Tag gekommen war und wir zusammen mit ihm, seiner Frau und einigen weiteren Gästen am Tisch saßen, fragte ich ihn dann aber doch, ob er sich nicht über meinen Ton am Telefon gewundert habe. Mit kurzen Sätzen erzählte ich vom Hintergrund meines merkwürdigen Anrufs. Die Anekdote brach das Eis und war der Auftakt für ein wirklich gelungenes Frühstück auf dem Land.

Doch zurück zu unserem Wieder-Einzug in unser altes Umfeld: Unser Haus hatten wir ja in den Ferien häufiger selbst bewohnt und auch zeitweise vermietet, es stand uns aber jetzt wieder voll zur Verfügung. Bald waren die Kartons verräumt, das Haus geputzt und die ersten Gänge getan. Erste Begegnungen mit Nachbarn und etlichen alten Freunden prägten die folgende Zeit; auch gab es im Haus und auf unserer nahe gelegenen kleinen Farm einige Vorbereitungen für das Eintreffen des Kurzzeitteams zu erledigen. Die jungen Leute würden hier übernachten, während sie tagsüber praktische Einsätze oder auch Ausflüge machten.

Zwar durften wir mit der Gruppe auch unsere Tochter Hanna endlich wieder bei uns begrüßen, doch ihre Zeit mit uns war nur von kurzer Dauer: Mit dem Abschied der kleinen Gruppe, die sie nach Muğla geführt hatte, rückte auch der Zeitpunkt näher, an dem sie für ein Jahr nach Südamerika gehen würde. Sie wollte nach ihrer Matura (Abitur) mit der Organisation »Movida« nach Paraguay und Chile reisen, um bei der jeweiligen Arbeit vor Ort mitzuhelfen. Wir brachten sie gemeinsam zum Flughafen nach Ankara, verbanden dies aber noch mit einer letzten gemeinsamen Reise durch Kappadokien, die Zentraltürkei.

Mit schwerem Herzen fuhren wir wieder zurück nach Muğla. Nun mussten wir uns auf eine längere Zeit zu zweit einstellen. Ganz allein waren wir jedoch nicht als Christen in unserer Stadt. Da waren ja noch unsere früheren Mitarbeiter. Wir wussten zu diesem Zeitpunkt noch nicht, dass auch ihre Tage aus unterschiedlichen Gründen gezählt waren und wir bald als Einzige aus dem früheren Team übrig bleiben sollten.

3

ALLTAG IM ORIENT

Mein alter Lehrer, der Ethnologe Lothar Käser, bemerkte an der Fachhochschule in Korntal während seines Unterrichts zur Anthropologie oft, dass Kultur nichts anderes sei als eine Überlebensstrategie in einem gegebenen Umfeld. Jede Kultur auf dieser Erde habe ihre eigenen Verhaltensweisen, Normen und Werte. Da macht die Türkei, wie wir sie kennengelernt haben, keinen Unterschied. Es gibt manche aus- und auch unausgesprochenen Werte und Richtlinien, Dos und Don'ts im täglichen Miteinander und reichlich Strategien, um den Alltag im Land gut zu bewältigen. Dabei bestehen zwar zum Teil erhebliche Unterschiede zwischen Stadt und Land, Ost und West, Reich und Arm, aber viele Merkmale kultureller Einheit sind doch so markant und wichtig, dass ich in diesem Kapitel auf einige von ihnen eingehen möchte. Sie sind keinesfalls vollständig, zeigen aber einige wichtige Grundzüge des menschlichen Miteinanders in der Türkei auf, die man bei Aufenthalten im Land beachten sollte. Natürlich sind wir auch in manche Fettnäpfchen getreten. Aber damit sollte man rechnen und etwas Mut haben. Vieles wird von den Türken wohlwollend verziehen.

Ein sehr wichtiger Bereich der türkischen Kultur ist die bei manchen Anlässen gegebene Trennung der Geschlechter. Auch wenn sich inzwischen besonders in den großen Städten einiges relativiert hat, spielt sie immer noch eine große Rolle. Dabei findet diese Trennung mehr im privaten als im öffentlichen Bereich statt. Besonders zu Beginn unserer Zeit mussten wir uns daran gewöhnen, dass wir bei gemeinsamen Besuchen in der Regel getrennt wurden und Renate sehr viel mehr in den Bereich der Frauen des Hauses einbezogen wurde, während ich mit den Männern zusammensaß. Auch ich verbrachte mehr Zeit allein unter Männern, als ich es in Deutschland gewohnt war. In öffentlichen Verkehrsmitteln ist es bis heute nicht angebracht, sich neben einen Fahrgast des anderen Geschlechts zu setzen. Darauf wird bereits beim Kauf der Fahrkarte, zum Beispiel in den größeren Reisebussen, geachtet. Als Mann spricht man nicht viel mit einer fremden Frau, schon gar nicht, wenn man allein ist (was ohnehin nicht vorkommen sollte). Dass eine Frau den Mann eines befreundeten Ehepaares kaum ansieht und in der Regel auch bei der Begrüßung nicht die Hand gibt, hat nichts mit fehlender Sympathie oder Annahme zu tun, sondern damit, dass man den anderen als anständig und moralisch integer ehrt. Ebenso umgekehrt. Wie anders können wir doch empfinden, wenn uns eine Person nicht »richtig« begrüßt oder wenig mit uns spricht! Es ist eine große Quelle für Missverständnisse und die falsche Deutung einer eigentlich wohlmeinenden kulturellen Gewohnheit.

Einen großen Fauxpas erlaubte ich mir einmal, als Renate von einer Bekannten eingeladen wurde, sie vor ihrer Hochzeit noch einmal zu besuchen. Es würden auch noch andere Leute kommen. Am besagten Tag machte ich mich mit Renate durch die kleinen Gassen der Altstadt zu der Wohnung der Frau auf; ein anderes befreundetes deutsches Ehepaar hatte auch zugesagt zu kommen.

In der richtigen Straße angekommen, ging uns eine andere Frau voraus, die ebenfalls zu dem Beisammensein wollte. Uns sehend, hielt sie Renate zum Eintreten die Tür auf, schloss diese jedoch, noch bevor ich ebenfalls eintreten konnte. Mich über diese Rücksichtslosigkeit ärgernd, öffnete ich dann die Tür selbst und ging hinter Renate die Treppe hoch zum Ort des Geschehens. Hier saßen etliche Leute in einem größeren Kreis, die Braut unter ihnen. Mein ebenfalls ausländischer Freund und ich waren die einzigen Männer. Wir begrüßten die Gesellschaft und versuchten, an der stockenden Konversation teilzuhaben. Mit zunehmender Zeit fühlte ich mich aber immer unwohler und begann zu realisieren, dass unsere Gegenwart als Männer in diesem Kreis wahrscheinlich eher unangebracht war. Inzwischen war die Runde auch sehr schweigsam geworden … Später fand ich heraus, dass dieses Zusammensein eine sogenannte »Gelin göstermesi« (Brautschau) war und es für uns als Männer ein Ding der Unmöglichkeit war, daran teilzunehmen!

Man lernt wie gesagt auch durch Fehler und solches ist uns sicher nicht nur einmal geschehen. Zum Glück handelte es sich bei vielem eher um Kleinigkeiten, doch manches kann durchaus gravierende Folgen haben. Da gab es zum Beispiel den Fall einer deutschen Touristin in Antalya: Diese hatte wohl unwissend gleich mehrere kulturelle Schranken überschritten und dies außerhalb der »Freizonen« der exklusiven Hotelanlagen um die Stadt Antalya herum. Sie war zunächst allein, ohne Begleitung eines Mannes oder einer anderen, sie schützenden Person (was durchaus eine andere, am besten ältere Frau sein kann) unterwegs. Sie trug westlich-freizügige Kleidung, die zwar dem sommerlich warmen Wetter, aber nicht unbedingt der türkischen Kultur angepasst war. Allein dies kann bereits unter kulturell anders geprägten Menschen leider Assoziationen wecken, die überhaupt nicht beabsichtigt sind. All das und wahrscheinlich noch andere kulturelle Fehler führten bei dieser Frau zu einem überhaupt nicht guten Ende. Sie wurde eines Tages tot in ihrer Herberge aufgefunden.

Auch ich hatte im Blick auf Kleidung meine Schwierigkeiten und einiges zu lernen. In der Öffentlichkeit generell und erst recht bei Besuchen tragen viele türkische Männer keine kürzere Hose. Selbst bei feuchtheißen Temperaturen im Hochsommer war es also mancherorts wenig angebracht, Shorts zu tragen und nackte Beine zu zeigen. Als Sportlehrer lag mir jedoch eine eher lockere, sportliche Kleidung nahe. Hier musste ich umdenken und mit der Zeit legte ich mir einige möglichst luftige Stoffhosen mit langen Beinen zu. Zu Hause warf ich mich aber meist gleich in eine andere Schale.

Eine weitere wichtige kulturelle Eigenheit sind Namenszusätze. Nur unter Ehepartnern und von Erwachsenen gegenüber Kindern werden sie nicht gebraucht. Das Türkische kennt eine Vielzahl von Verwandtschaftsbezeichnungen und anderen Namenszusätzen und ist in dieser Hinsicht viel reicher als die deutsche Sprache. Zum Beispiel wird sprachlich der Bruder der Mutter von dem des Vaters unterschieden (amca-dayı); im Deutschen gibt es hierfür ja nur ein Wort. Bereits dies zeigt, dass das Leben in der Türkei viel beziehungsorientierter ist als unsere westliche Leistungsgesellschaft.

Wie wichtig diese Namenszusätze sind, erfuhr ich an einem für mich nachdrücklichen Beispiel: In unserer ersten Zeit in der Türkei begannen wir, uns mit einer türkischen Familie anzufreunden, und waren daher auch hier und da zu gemeinsamen Mahlzeiten im großen Familienkreis eingeladen. Hier saß man zusammen am runden Tisch und sprach über den Alltag mit seinen Herausforderungen. Soweit es mir möglich war, versuchte ich, an den Gesprächen teilzunehmen. Dabei sprach ich auch mehrmals den älteren Ehemann als den Vorsteher der Großfamilie an. Dabei verwendete ich jedoch nicht den Zusatz »Amca« (Onkel), sondern lediglich den Vornamen des mir nun doch inzwischen gut bekannten Mannes. Er hatte sich mir gegenüber ja auch mit diesem vorgestellt. Doch jedes Mal, wenn ich den Familienvater mit seinem Namen ansprach, schien es seine Söhne wie ein Blitz durch den ganzen Körper zu fahren. Sie zuckten zusammen und im Raum machte sich Verlegenheit breit. Nach einigen Wochen verstand ich, warum sie sich so verhalten hatten. Selbst seine Söhne hätten niemals gewagt, ihn nur mit dem Vornamen anzusprechen, sondern mit »Babam« (mein Vater). Ich hätte also unbedingt den Zusatz »Amca« (Onkel) verwenden müssen. Dass aber der Titel »Amca« auch nicht jedermann recht ist, erfuhr ich dann später einmal bei einem Mann, der aufgrund seines noch nicht fortgeschrittenen Alters lieber als »Abi« (großer Bruder) angesprochen worden wäre. Wir lernen nicht aus …

4

GELERNT IST GELERNT...

Nach dem ersten Jahr, in dem wir uns zunächst wieder im alten Umfeld orientierten und in die bestehende christliche Gemeinde wie auch den Gästebetrieb einbrachten, kam Hanna wieder von ihrem Einsatz in Südamerika zurück. Es hatten zwar einige türkische Familienväter um uns herum gar nicht verstehen können, wie man seine Tochter und dazu das einzige Kind für eine so lange Zeit an einen so fremden Ort schicken könne, sie kam aber wohlbehalten und um etliche kulturelle Erfahrungen reicher wieder zu uns zurück.

Hanna wollte nun an unserer hiesigen Universität ein Lehramtsstudium beginnen. Große Teile ihrer Grundschulzeit und auch das Austauschprogramm mit Erasmus hatte sie ja in der Türkei absolviert. Das war nicht immer »ohne« gewesen ... In diesem Kapitel will ich von ihren Stationen im türkischen Bildungssystem erzählen:

Unsere kleine Tochter wuchs in unserer zuvor beschriebenen Mahalle auf und erlebte recht sorglose und unbeschwerte erste Jahre. Zwar gab es hier und da die üblichen Auseinandersetzungen mit anderen Kindern und Hanna wurde des Öfteren von den Erwachsenen ungefragt in die Wange gezwickt (in der Türkei ein für uns ungewohntes Zeichen der Freundlichkeit gegenüber Kleinkindern). Insgesamt aber erfuhr unser blondhaariger Schatz von den Einheimischen viel Liebe und Zuwendung. Türkisch lernte Hanna beim Spielen sozusagen »nebenbei«; etwas, was ihr angesichts unseres eigenen mühevollen Spracherwerbs manchmal unseren unausgesprochenen Neid einbrachte. Bis auf einige Heimataufenthalte in Deutschland und Österreich verließ sie ihr Umfeld nicht oft und gehörte ebenso zum Stadtbild dazu wie ihre Eltern. Ihre blonden Haare und blauen Augen brachten ihr viele Verehrer unten den Kindern und Erwachsenen ein; sie schien aber recht gut damit umgehen zu können.

Als Hanna ungefähr fünf Jahre alt war und Renate einmal für etwas längere Zeit nach Europa musste, machten wir uns Gedanken um ihre Betreuung. Ich musste ja weiter im Büro unserer Reisegesellschaft arbeiten. Daher machte ich mich mit ihr auf den Weg zu einer sogenannten »Kreş« (vergleichbar mit einer Kindertagesstätte). In der Türkei nehmen viele, besonders berufstätige Eltern eine solche Kreş in Anspruch, um ihre noch jungen Kinder tagsüber gut betreut zu wissen. Es gibt frei-kommerzielle Kindertagesstätten und auch solche, die gewissen Institutionen und größeren Arbeitgebern angegliedert sind. Nach einem ersten Gespräch mit der sehr resolut wirkenden Leiterin meldete ich Hanna für eine erste Zeit im »Uçan balon« (Fliegender Ballon) an. Diese Einrichtung war in einem der vielen alten Häuser Muğlas beheimatet und bot mehreren Altersgruppen Platz zum Spiel und zum gemeinsamen Lernen.

Durch einen bunt bemalten Eingang betraten wir den Hof des Hauses und gelangten in das ebenfalls nett gestaltete Haus. Schon bald saß unsere kleine Hanna mit ihrem blonden Schopf inmitten der vielen schwarzhaarigen Jungen und Mädchen. Zunächst schien die dortige Atmosphäre unserem Kind noch etwas ungewohnt und nur zaghaft folgte sie den Aufforderungen der vielleicht aufgrund des ausländischen Kindes ebenfalls noch unsicheren Erzieherinnen. Ich entschloss mich an diesem Tag und auch an den nächsten noch eine Weile bei Hanna zu bleiben – etwas, was ich im Nachhinein als Fehler sehe. Nicht nur hat es für Hanna die zeitweise Trennung nicht leichter gemacht, auch war es wahrscheinlich für die türkischen Erzieherinnen ein sehr ungewohntes und wohl auch kulturell unpassendes Bild, einen Mann mit in ihrem Zimmer zu haben. Später wechselte ich in den Garten und Hanna schien es auch jetzt noch zu helfen, ihren Vater in nächster Nähe zu wissen. Einen gänzlichen Rückzug vom Geschehen brachte ich angesichts der bitteren Tränen meiner Kleinen nur sehr schwer zustande, musste ihn dennoch hier und da wegen verschiedener Arbeiten im Büro vollziehen.

Das war sozusagen das erste Kapitel unserer Erfahrungen mit dem türkischen (Vor-)Schulsystem. Viele weitere Kapitel sollten dem folgen und die Erlebnisse im Rahmen der Schule haben uns sicher einige neue Seiten des Orients eröffnet.

Nach der »Anaokul« (Vorschule) nahte unweigerlich der Tag, an dem es wirklich »ernst« werden sollte – die Schule beginnt auch in der Türkei mit dem sechsten oder siebten Lebensjahr. Dies ist wohl weltweit nicht nur für die Kinder ein wichtiger Schritt in Richtung Erwachsenwerden. Auch die Mütter und Väter realisieren spätestens jetzt, dass für ihre Kleinsten nun ein neuer Lebensabschnitt begonnen hat und diese sich zumindest für einige Stunden am Tag von ihrem Elternhaus lösen. Für uns war es auch eine Art Vertrauensschritt, gaben wir unsere kleine Hanna nun noch mehr als zuvor in die Obhut anderer, fremder Menschen in einem Land mit für uns immer noch manchmal sehr anderen Vorstellungen, Gewohnheiten und Weltanschauungen.

Und dann war er also da, der erste Schultag. Mit den anderen Eltern nahmen wir vor dem Schulgebäude Aufstellung und zunächst sorgte die Nationalhymne aus dem bereitgestellten Lautsprecher für einen würdigen Rahmen. Dann hielt der Direktor eine Rede und brachte unter anderem die Wichtigkeit speziell des heutigen Tages und allgemein der schulischen Ausbildung zum Ausdruck. Später gingen die einzelnen Klassen der Schule geschlossen mit ihren jeweiligen Lehrern in das für sie vorgesehene Klassenzimmer. Hannas Klasse befand sich direkt neben dem Raum des Schulleiters im Erdgeschoss und wurde von der hineinstrahlenden Sonne erhellt. Dort befanden sich sehr einfach gehaltene Schulbänke, eine Tafel und das obligatorische Bild von Kemal Atatürk. Die anwesenden Kinder blickten sich neugierig um und musterten dabei auch ihre zukünftigen Mitschüler. Hanna stach mit ihren blonden Haaren und blauen Augen natürlich auch hier hervor, gehörte dann jedoch recht bald ganz selbstverständlich zur Schülerschaft dazu. Sie war fortan bei allen bekannt und beliebt – auch bei den älteren Schülerjahrgängen. So eine deutsche Mitschülerin hatten ja schließlich nicht viele Schulen in der Türkei aufzuweisen...

Fortan hieß es also für unsere Tochter, neben vielen meist schwarzhaarigen Mädchen und Jungen die Schulbank zu drücken. Hannas Lehrer war mir eigentlich von Beginn an sympathisch. Ilker Bey (Herr Ilker) war ein großer Mann mit schwarzem Schnurrbart und einem in der Regel freundlichen Lächeln. Wie unsere Tochter uns erklärte, konnte er aber auch recht böse werden und griff zuweilen zu Mitteln, die in der modernen Pädagogik Europas wahrscheinlich in jeder Lehrerbegutachtung durchgefallen wären – oder zu einem Disziplinarverfahren geführt hätten. Nicht nur erzählte Hanna uns von Handstreichen mit dem Lehrerstock für unfolgsame oder unaufmerksame Kinder. Eines Tages kam sie auch mit einem verschmitzten Lächeln auf dem Gesicht nach Hause. Einer der Jungen ihrer Klasse habe heute zum wiederholten Male seine fehlende Lernbereitschaft gezeigt. Der Lehrer habe daraufhin zu ihm gesagt, dass er einen großen Hammer nehmen und ihn auf den Kopf des Jungen hauen würde, wenn dieser sich nicht sofort setzen würde. Ich weiß nicht, ob der betreffende Junge diese Drohung ernst genommen hat und es ihm schlaflose Nächte bereitete. Jedenfalls konnte man trotz solch einer Drohung merken, dass Ilker Bey seine Kinder lieb hatte. Er führte sie in einer meiner Ansicht nach guten Weise bis zum Abschluss der Grundschule. Bis dahin war er übrigens fast der alleinige Lehrer der Kinder. Ilker Bey unterrichtete Türkisch, Mathematik, Erdkunde, Religion, Geschichte und sogar Musik. Hanna berichtet uns bis heute noch manchmal mit einem Lachen davon, wie ihr Lehrer die Blockflöte fast wie eine Querflöte zum Mund führte und der Kinderschar das Musizieren beibrachte.

Insgesamt machte der Schulalltag in der Türkei im Vergleich mit unserem deutschen Schulsystem einen viel stressfreieren Eindruck, ohne dass die Qualität des Unterrichts groß daran gelitten hätte. Jedenfalls hatte Hanna später in der weiterführenden Schule in Deutschland keine großen Wissenslücken. Immer wieder sah ich auch bei kurzen Besuchen oder Erledigungen in der Schule die Lehrerinnen und Lehrer den obligatorischen Tee trinkend in den langen Korridoren der Schule stehen. Sie waren mit Ihresgleichen im Gespräch, gaben den um sie herumlaufenden Kindern kurze Anweisungen, vertraten sich die Beine etc. Auch der Schulleiter machte meist einen sehr entspannten Eindruck und war für uns auch bei spontanen Besuchen stets zu sprechen. Bei einer Tasse Tee hörte er sich gerne unsere Fragen oder auch Verbesserungsvorschläge an und war manchmal fast wie ein vertrauter Onkel für uns. In den langen Sommerferien ist der Schulleiter übrigens mit seinem Stellvertreter oft alleine im Schulgebäude präsent und führt auch in dieser schulfreien Zeit seine Amtsgeschäfte. Insgesamt gesehen wirkt die Institution Schule in der Türkei auf mich erheblich menschlicher und weniger kompliziert, manchmal aber auch unorganisiert und zuweilen fahrlässig. Zwei Beispiele mögen das verdeutlichen:

Manchmal machte die Klasse von Hanna mit ihrem Lehrer einen Ausflug. Meistens war der Weg dabei nicht weit, liegen in Muğla ja auch die öffentlichen Einrichtungen größtenteils in erreichbarer Nähe. An jenem Tag sollte es zu einem kleinen Theater in der Stadt gehen. Da dieser Besuch wohl recht spontan geplant war und die Zeit zwischen dem übrigen Unterricht und der Exkursion zum Theater knapp bemessen war, nahm Ilker Bey kurzerhand seine gesamte Klasse, packte sie in enger Reihe und zum Teil übereinander sitzend in seinen PKW und fuhr zum Theater. Das hätte einmal in Deutschland ein Klassenlehrer mit seinen Schülern machen sollen! Als ich später Hannas Lehrer auf diesen Ausflug ansprach, lachte er verschmitzt und fragte, was er denn ob der gebotenen Eile wohl hätte machen sollen. Dabei schwenkte er sein türkisches Teeglas in der Hand und sah mich freundlich lächelnd an.

Bei einer anderen Gelegenheit erzählte Hanna uns von einem Versuch, den sie mit ihrer Klasse im sogenannten »Fen«-Unterricht (vergleichbar mit Physik) gemacht hatten. Hierfür hatte der Lehrer eines der vielen kleinen Tee-Gläser genommen und ein Thermometer hineingetan. Es wurde mit kochendem Wasser übergossen, wohl damit die Kinder die Temperatur ablesen konnten. Was der Lehrer jedoch nicht bedacht hatte, war, dass das für den Versuch benutzte Teeglas diesen Temperaturen möglicherweise nicht standhalten und zerspringen könnte. Der Kommentar des Lehrers war laut Hanna nur: »Dieser Versuch ist nichts gewesen.« Zur gleichen Zeit machte sich meine Frau auf den Weg zur Schule, um dort etwas zu erledigen. Sie fand in der Klasse die auf dem Boden hockenden Kinder vor. Sie amüsierten sich mit den umherliegenden Quecksilberkügelchen und schossen sie auf dem Boden umher. Renate findet dieses Kapitel des türkischen Schullebens bis heute nicht sehr lustig, während sich unsere Tochter gern daran erinnert…

Zum offiziellen Charakter der Schule trug ein jeweils am Montagmorgen vor der ersten Stunde und Freitag nach der letzten Stunde gehaltenes Treffen vor dem Schulportal bei. Es wurde jeweils die Nationalhymne gespielt und der Schulleiter richtete einige Worte an die anwesende Schulgemeinschaft von Kindern und Lehrern. Je nach aktueller Situation und Verlauf der Woche konnte die Rede des »Müdür« (Direktor) auch mal länger dauern. Besonders in den heißen Monaten am Freitagnachmittag wurde es den Kindern (und Lehrern?) dann etwas zu lang.

Hanna brachte manches von diesen offiziellen Schulveranstaltungen auch mit nach Hause. So hörten wir sie einmal im oberen Stock unseres Hauses ein auch uns inzwischen sehr bekanntes Gedicht der türkischen Schule laut aufsagen:»Türküm, doğruyum, çalışkanım – ilkem küçüklerimi korumak – büyüklerimi saymak...« (Ich bin Türke, ich bin ehrlich, ich bin fleißig – ich beschütze die Kleinen – habe Respekt vor den Großen...)

Ich wies Hanna daraufhin mit den Worten zurecht, dass sie doch gar keine Türkin sei. Mit von uns unerwarteter und herzlicher Spontaneität hörten wir sie daraufhin ihr in der Schule gelerntes Gedicht mit noch lauterer Stimme wie folgt aufsagen:»Almanım, çalışkanım...« (Ich bin Deutsche, ich bin fleißig...)

Insgesamt war das türkische staatliche Schulsystem für uns eine wichtige Erfahrung auf dem Weg und ich glaube, besonders unsere Tochter erinnert sich meist mit Freude an ihre gemeinsame Zeit mit den einheimischen Kindern in den einfachen, hölzernen Schulbänken. Auch als sie später das Gymnasium in Deutschland absolvierte, besuchte sie hin und wieder ihre alte Klasse im Unterricht. Auch das lief damals äußerst unkompliziert, vielleicht auch weil Hanna immer noch in der Schülerliste geführt wurde, wie mir der Gehilfe des Schulleiters erzählte. Sie sei nur vermerkt als jemand, der sich derzeit im Ausland aufhalte... Das ist türkische Schule, wie wir sie kennengelernt haben. Wenig bürokratisch, spontan reagierend und mit Herz für das Kind und seine besondere Situation.

Übrigens gab es nie irgendwelche besonderen Bemühungen der Schule oder der zugeordneten Schulbehörde, Hanna in ihrer Integration an der staatlichen Schule zu unterstützen. Sie gehörte einfach dazu und wurde herzlich im Kreis der anderen Kinder aufgenommen. Für Hanna war es jedoch wahrscheinlich eine große Hilfe, dass sie schon recht früh auf Deutsch lesen und schreiben lernte und wir sie mit einem Lernhelfer auch während ihrer türkischen Schulzeit im

Deutschen weiterbildeten. Auch lernte sie bereits in frühen Jahren durch unser Eingebettetsein in der türkischen Kultur die Landessprache und hatte in der Schule in dieser Hinsicht kaum Probleme.

Dass sie nun auch in der Türkei studieren wollte, hatte sicherlich mit ihrem starken Bezug zu Land und Leuten zu tun. Sie war in diesem Land aufgewachsen und fühlte sich hier weit mehr heimisch als im für sie von den zwischenmenschlichen Beziehungen und auch den Temperaturen eher »kühlen« Europa. Auch hielt sie zum Teil recht guten Kontakt zu einigen ihrer früheren Mitschülerinnen in der Grundschule.

Die Einschreibung an der Universität verlief recht problemlos. Ihr Abschluss in Europa wurde anerkannt und von der türkischen Botschaft in Wien beglaubigt. Die Grundlage für weitere Jahre und Erlebnisse im türkischen Bildungssystem war also gelegt…

5

DIE FESTE FEIERN, WIE SIE FALLEN

Die Zahl und die Art der Feste, die ein Volk feiert, gibt sicherlich einen guten Einblick in seine Kultur. Deshalb will ich an dieser Stelle etwas näher darauf eingehen.

Nach unserer Rückkehr in die Türkei wendeten wir uns erneut den Beziehungen zu. Da es Sommer war, trafen wir einige alte und neue Bekannte auch auf verschiedenen Hochzeitsfesten. Diese werden in der Türkei zumeist in den warmen Monaten des Jahres gefeiert. Das hat seinen Grund unter anderem darin, dass im weit gesteckten Familien- und Freundeskreis breit eingeladen wird und oftmals mehrere hundert Personen zu einer Hochzeit zusammenkommen. So manches Fest findet im Freien statt, vor allem außerhalb der Großstädte, entweder in speziell dafür hergerichteten Gartenrestaurants oder auch im privaten Wohn- und Außenbereich der ausrichtenden Familie plus ihrer Nachbarschaft. Auch haben die Kinder in den Sommermonaten ihre großen Ferien, die in der Türkei aktuell elf Wochen dauern, und können so zusammen mit ihren Eltern am Fest teilnehmen. Viele Gäste treten einen längeren Weg an, da die Familien oftmals weit über das Land verstreut leben. So ist eine Hochzeit auch immer wieder eine Art Familienzusammenführung und dementsprechend groß die Freude des Wiedersehens. Hinzu kommt, dass ja auch die Familie des angeheirateten Partners dem Fest beiwohnt, die hier erstmals kennenzulernen ist. Letzteres muss nicht immer harmonisch verlaufen; wir haben auch von Hochzeiten gehört und eine selbst miterlebt, bei der erhebliche Spannungen zwischen den Familien auftraten und diese nicht nur mit Worten beigelegt wurden. So kann »der schönste Tag des Lebens« hier und da auch mal Menschen eher auseinander- als zusammenführen. Doch ist dies eher selten und für die beteiligten Familien verständlicherweise tragisch.

In Muğla ist gemäß der eher dörflich-kleinstädtischen Tradition die Hochzeit mit verschiedenen Feierlichkeiten verbunden (wie zum Beispiel auch die bereits erwähnte Brautschau). Den Höhepunkt bildet dabei das gemeinsame Hochzeitsessen, das meist an einem etwas größeren Platz im Freien abgehalten wird. Aus nächster Nähe haben wir dabei nicht nur einmal bei Nachbarn unserer kleinen Siedlung die Vorbereitungen zu einem solchen Essen mitbekommen. Schon zu sehr früher Stunde kommt eine kleine Gruppe von zumeist extra für diesen Anlass gemieteten Köchen und ihren Helfern am Ort des Geschehens an. Die nötigen Utensilien werden ausgepackt und in der Nähe der Kochstelle wird ein größeres Loch ausgehoben, um später vor Ort spülen zu können. Danach geht es an das Zubereiten des Essens. Türkisches Kochen ist meist sehr zeitaufwendig. Gegen Mittag ist dann alles für das Festmahl gerüstet und die ersten Gäste treffen aus nah und fern ein. Tische und Stühle sind in der Regel aus Plastik und werden gemietet. Als Tischdecke dienen entweder ausgebreitete Zeitungen oder abgetrennte Teile einer weißen Papierrolle. Das Essen wird von der Familie und guten Freunden aufgetragen und den platzgenommenen Gästen wird ein herzliches »Afiyet olsun« (Guten Appetit) gewünscht. Den kann man dann auch haben, denn in der Regel gibt es ein wirklich leckeres und gut gekochtes Menü mit anschließender kleiner Nachspeise.

Das Hochzeitsmenü bestand meist aus den gleichen oder zumindest ähnlichen Speisen, die uns aber immer wieder ausgezeichnet geschmeckt haben: Pilav (eine Art gebratener Reis) und Gemüse zusammen mit dem nie fehlenden Brot. Dazu ein ganz besonderes

Gericht mit frischem Hühnchenfleisch, das sehr klein geschnitten besonders verarbeitet und mit einer speziellen Soße vermischt wird. Das Ganze heißt im Volksmund »Keşkek« und ist über Muğla hinaus als Hochzeitsessen der Region bekannt. Als zweites Hauptgericht neben Keşkek gibt es ein traditionelles Fleischgericht in einer pikanten, roten Soße. Mehrmals wird man beim Essen von den umhergehenden Helfern gefragt, ob man von einzelnen Speisen noch einen Nachschlag möchte, und erst wenn der Gastgeber sicher ist, den Hunger seiner Gäste ganz gestillt zu haben, wird der Tisch abgeräumt.

Das einfache Geschirr wird nun in der ausgehobenen Grube von fleißigen Helfern abgewaschen. Ein Nachtisch, bestehend aus dem traditionellen »Helva« oder einer anderen türkischen Süßspeise, rundet das Ganze ab. Manchmal wird dazu auch der traditionelle Schwarztee gereicht. Hat man dies alles genossen, sollte man Platz machen für die nächsten Gäste. Aber auch hier geht es orientalisch gelassen zu und eine mehr oder weniger lange Wartezeit bei einem solchen Hochzeitsessen bringt niemanden aus der Ruhe. Schließlich kann man die Unterhaltung derer, die gemeinsam auf den nächsten freien Tisch warten, bereits als Bestandteil des Festes sehen.

Jedenfalls war dieses Hochzeitsessen der von mir am meisten geliebte Teil des Festes. Eine andere, ebenfalls traditionelle Feierlichkeit bei der Eheschließung kenne ich als Mann mehr aus den Erzählungen anderer, und zwar die sogenannte, meist am Abend vor der eigentlichen Hochzeit stattfindende »Kına Gecesi«. An diesem Abend oder in dieser Nacht wird der Braut neben dem obligatorischen Tanz eine Farbe aus besonderer Konsistenz auf die Handflächen gestrichen. Diese Farbe (Henna), die wohl mehr von symbolischer Bedeutung ist, wird auch bei anderen Gelegenheiten von der einheimischen Bevölkerung genutzt.

Neben der Hochzeit, die traditionell in der Türkei als das größte Fest im Leben einer Frau gesehen wird, ist an Familienfesten besonders noch das sogenannte »Sünnet« (Beschneidungsfest) zu nennen. Dieses gilt traditionell als der wichtigste Tag im Leben eines Mannes und wird meistens im Alter von ungefähr zehn bis zwölf Jahren gefeiert. Auch dieses Fest ist für die Familie mit einem erheblichen Aufwand verbunden und finanziell sehr kostspielig. Aus diesem Grund wird manchmal die Beschneidung eines Brüderpaares mit geringem Altersabstand gemeinsam gefeiert.

Ein nicht so schöner, aber doch auch in der türkischen Kultur tief verankerter Anlass zu einer Zusammenkunft von Familie und Freunden ist der Tod eines Angehörigen. Auch hier gibt es feste Bräuche für das Bekanntmachen des Todesfalls, die Beerdigung und die nachfolgende sogenannte »Mevlüt« – eine Art Gedenkfeier für den Toten.

Was mich als Ausländer in unserer Stadt Muğla zunächst wunderte, war, dass der Tod eines Einwohners relativ zeitnah der gesamten Stadt über die Lautsprecheranlage der Stadtverwaltung bekannt gemacht wurde. Später verstand ich, warum das so war. Und zwar erfolgt die Beerdigung in der Türkei meistens noch am Todestag. Ein Grund dafür sind sicher die heißen Temperaturen in den Sommermonaten. Damit auch alle Verwandten und Freunde des Verstorbenen von dessen Tod und Beerdigung in Kenntnis gesetzt werden können, dient die Lautsprecheranlage der Stadt unter anderem diesem Zweck. Manchmal hört man also mehrmals am Tag vom Tod eines Einwohners und man kann beobachten, dass viele Passanten trotz ihrer unter Umständen wichtigen Geschäfte bei solchen Ansagen aufhorchen. Es könnte sich ja um einen der ihren handeln.

Die Beerdigung findet nach einer der Gebetszeiten in der Moschee statt. Der Sarg wird dabei von Verwandten und Freunden ein Stück des Weges selbst getragen und wandert von einer Hand zur nächsten. Hiermit drücken die Männer ihre Nähe zu der verstorbenen Person aus – man sieht solche Trauerzüge häufig im Stadtbild.

Das »Mevlüt« ist dann eine Art Gebetszeit zum Gedenken, die oft ungefähr einen Monat nach dem Todestag abgehalten wird. Dabei wird ein Vorbeter bestellt, der meist in arabischer Sprache Gebete und Koranverse laut vorträgt. Die Anwesenden hören dabei mehr oder weniger zu und bekräftigen die Aussagen des Vorbeters manchmal durch ein lautes »Amen«. Meine Frau und ich waren wenige Male bei einem solchen Mevlüt zugegen. Was mich etwas wunderte, war die offensichtliche Unaufmerksamkeit mancher Anwesenden bei den Gebeten, die sich aber auch lang hinzogen. So kam es vor, dass sich Leute miteinander unterhielten und andere offensichtlich mit anderen Dingen beschäftigt waren. Angesichts der für die meisten unverständlichen Sprache und den lang anhaltenden Gebeten und Wiedergaben des Koran (der ja ebenfalls auf Arabisch ist) mag dies jedoch verständlich sein. Und bei der Größe vieler Familienverbünde haben besonders die älteren Leute sicher viele Veranstaltungen dieser Art erlebt.

Weit freudigere Anlässe, die im Jahreskalender der Türkei fest integriert sind, bilden die staatlichen Festtage für die Kinder und Jugendlichen. Im Gespräch mit Türken wurde ich einige Male darauf hingewiesen, dass es solche staatlichen Feiertage für die heranwachsende Bevölkerung nur hier gäbe. Es zeigt vielleicht, wie viel Beachtung der Staat der jungen Bevölkerungsgruppe schenkt. Ob diese Feste auch einen Beitrag zum Bevölkerungswachstum und den vielen kinderreichen Familien leisten (und das ohne jedes Kindergeld…)?

Besonders dem sogenannten »Çocuk bayramı« (Kinderfest) fiebern im ganzen Land jährlich viele Kinder entgegen. In den Grundschulklassen spielt es eine wichtige Rolle und man studiert Aufführungen, Gedichte und kleine Paraden im Stadion der Stadt ein. Durch unsere Tochter bekamen wir das Geschehen hautnah mit. Bereits lange vor dem eigentlichen Fest, das jedes Jahr am 23. April stattfindet, begann in der Schule die Vorbereitung. Hannas Klassenlehrer war bei einigen Dingen federführend, andere Bereiche schienen zentral von der ganzen Schule initiiert. Jede Schule ist darum bemüht, in besonderer Weise zum Fest der Kinder beizutragen. Auf dem zu Hannas Schule gehörenden Sportplatz wurden Formationen und Tänze geübt – manchmal über mehrere Stunden.

Je näher der große Tag rückte, desto mehr merkte man den Kindern die Aufregung an. Besonders diejenigen, die einen besonderen Auftritt haben würden, sahen dem Ereignis mit einigem Lampenfieber entgegen. Hanna erging es nicht anders. Obwohl sie kein Kind des türkischen Staates war, wurde sie in all diese Dinge gern mit hineingenommen und teilte die Aufregung der anderen.

Am eigentlichen Festtag begaben sich Eltern und andere interessierten Zuschauer direkt ins Stadion, während die Kinder mit ihren Lehrern von der Schule aus gesondert dorthin zogen. Überall herrschte Festtagsstimmung – es ist ja ein Feiertag für die gesamte Bevölkerung. Große türkische Flaggen waren nicht nur im Stadion zu sehen und manche Persönlichkeiten des öffentlichen Lebens, einschließlich des Gouverneurs der Provinz, nahmen auf der Tribüne an bevorzugter Stelle Platz. Wie auch bei anderen festlichen Anlässen erscholl kräftig und laut zunächst aus den Lautsprechern und den Kehlen der vielen Zuschauer die Nationalhymne. Danach folgten schnell hintereinander die von den Kindern gelernten Gedichte, Präsentationen und einige Umzüge im weiten Rund des großen Stadions. Viele Beiträge bezogen sich dabei auf den Gründer der türkischen Republik, Kemal Atatürk. Er wurde immer wieder für seinen Einsatz im Blick auf die Gründung und das Wachstum des türkischen Staates gelobt. Mittlerweile hat sich das geändert, versucht man doch den früher sehr starken Einfluss Atatürks auf die Türkei immer mehr zu mindern.

Nach dem mehrstündigen und besonders bei warmer Witterung anstrengenden Programm sah man Kinder mit Eltern oder Großeltern noch längere Zeit in der Stadt spazieren gehen, Süßigkeiten essen oder auch mit Luftballons spielen.

Das »gençlik ve spor bayramı« (Fest der Jugendlichen und des Sports) wird in ähnlicher Weise im Juni gefeiert – nur für eine ältere Zielgruppe. Auch hier wird der Tag von langer Hand vorbereitet und die jungen Leute sind emsig im Auswendiglernen von Gedichten und Liedern. Im Mittelpunkt steht jedoch der Sport. Im Stadion werden unter den Jugendlichen der verschiedenen Schulen Wettkämpfe ausgetragen; die begehrten Medaillen werden von verschiedenen Würdenträgern der Stadt und der Provinz an die jeweiligen Sieger übergeben. Auch dieser Festtag ist im Stadtbild deutlich erkennbar und mündet nach den obligatorischen Aufführungen im Stadion in ein buntes Treiben im Stadtzentrum.

Einen deutlich offizielleren Charakter trägt das Fest »Cumhuriyet Bayramı« (Fest der Republik), welches der Gründung des türkischen Staates durch Kemal Atatürk gewidmet ist. Es wird ebenfalls als staatlicher Feiertag begangen und gibt Ende Oktober Anlass zu vielen Paraden, Aufzügen und Reden. Auch werden Kränze zu Ehren des Staatsgründers an den in jeder Stadt vorhandenen Büsten und Statuen niedergelegt. So manche Behörde oder Bank etc. ist aber inzwischen dazu übergegangen, einen wiederverwendbaren Kranz aus Metall oder Kunststoff einzubringen und hierdurch Kosten zu sparen. Auch in den Medien spielen diese drei Feste eine große Rolle und werden von entsprechenden Übertragungen begleitet.

Nicht fehlen dürfen bei der Erwähnung der Feiern und Feste natürlich die religiösen Feiertage des Landes. Sie haben kein festes Datum, sondern finden gemäß der islamischen Zeitrechnung jährlich an einem anderen Tag statt. Zwei Feste nehmen dabei eine besondere Stellung ein, der »Ramazan Bayramı« (das Fest nach dem Fastenmonat) und das Opferfest (der sogenannte »Kurban Bayramı«). Beide religiösen Feste sind in der Türkei fest integriert und werden von einem Großteil der Bevölkerung mit großer Anteilnahme vorbereitet und begangen. Während das Opferfest in Erinnerung an die dann doch nicht vollzogene Opferung des Sohnes Abrahams (im Koran anders als in der Bibel Ismail) begangen wird, bringt das Fest nach Ende des islamischen Fastenmonats die Freude an der nun wieder möglichen Lebens- und Tischgemeinschaft der Gläubigen zum Ausdruck.

Dieser »Ramazan Bayramı«, von manchen Menschen unserer Stadt auch »Şeker Bayramı« (Zuckerfest) genannt, wird, wie der Name bereits verrät, nach dem im Islam jährlich stattfindenden Fastenmonat gefeiert. Schon vor Beginn des Ramadan merkt man, dass etwas anderes in das sonst muntere Treiben der Bevölkerung Einzug hält. Es liegt förmlich etwas in der Luft und man hat den Eindruck, die Menschen bereiten sich innerlich auf die folgende Zeit vor. Noch sitzt man je nach Jahreszeit in den Straßen oder in den Cafés der Stadt beim obligatorischen Schwarztee zusammen und erzählt sich wie auch sonst die Tagesereignisse oder Neuigkeiten aus der Familie. Jedoch weiß man, dass bereits bald der Tee beim Gespräch fehlen und auch sonst das gesellschaftliche Leben etwas kürzer ausfallen wird.

Nicht von allen freudig erwartet, hält der erste Fastentag letztlich mit einem lauten Kanonenschuss Einzug. Ja, diese Kanone hat uns in unserer türkischen Stadt Muğla Jahr um Jahr im Ramadan begleitet (in anderen Städten wie beispielsweise Antalya sind es umherlaufende Trommler). Er signalisiert am Morgen, dass nicht mehr gegessen und getrunken werden darf, und am Abend, dass es nun wieder erlaubt ist. Zu beiden Zeiten wird von einer am Fuße des sogenannten Tischbergs positionierten Kanone zwar nicht scharf, aber dennoch ohrenbetäubend laut geschossen. Für jemanden, der noch nicht in diese immer wiederkehrende Prozedur eingeweiht ist, mag es ein sich für lange Zeit einprägsames Ereignis sein, wenn man höchst unvermittelt in einer relativ modernen türkischen Stadt einen nahen und lauten Kanonenschuss hört und sich vielleicht in Erwartung des nun folgenden unweigerlichen Einschlags duckt oder gar auf die Erde wirft. Wie wird ein Unwissender verwundert sein, wenn er sich langsam von diesem großen Schrecken erholt und nun feststellen muss, dass er als Einziger zusammengezuckt ist …

Spätestens nach dem ersten Jahr hatten wir uns an diese für uns zunächst ungewöhnliche Prozedur in Muğla gewöhnt. Wie auch die Einheimischen hören wir zwar weiterhin den Schuss vom Berg, lassen uns aber nicht weiter stören. Hinzu kommt, dass unser eigenes Haus doch ziemlich weit vom Ort des Geschehens entfernt liegt und wir demzufolge die täglichen zwei Kanonenschüsse nur recht gedämpft mitbekommen.

Zwischen den beiden Schüssen sind die Muslime gehalten, nicht zu essen und zu trinken, auch sollte man sich des Geschlechtsverkehrs enthalten. Das Leben in der Stadt wird spürbar langsamer und sicher auch der Arbeitseifer der Handwerker und anderen Arbeiter etwas gebremst. Abends sitzen die Männer zwar immer noch häufig in den Straßen oder den vielen Teehäusern zusammen, vermissen jedoch (besonders wenn der Ramadan in den Winter fällt) sicher den gewohnten Tee in ihrer Hand. Auch das für viele gewohnte gemeinsame Essengehen in der Mittagspause fällt aus.

Nicht alle Einwohner Muğlas beteiligen sich am Fasten und anders als in vielen anderen Städten der Türkei sieht man hier und da auch in der Öffentlichkeit Männer und Frauen trotz des Fastenmonats essen und trinken. Mindestens in einem »Lokanta« unserer Stadt ist mir aber aufgefallen, dass mit Beginn des Ramadan die nach außen hin offenen Fenster des kleinen Restaurants mit einem Sichtschutz versehen wurden. Wahrscheinlich sollten die Vorübergehenden nicht durch die Essenden abgelenkt werden oder auch die Besucher nicht erkannt werden.

Wir selbst haben zwar nie am Fastenmonat teilgenommen, versuchten aber eigentlich immer von uns aus, die Fastenden durch unser eigenes Essen oder Trinken nicht vor den Kopf zu stoßen. Dass dieses nicht immer gelingt, erzählte einmal ein Bekannter, der ebenfalls aus dem Ausland kommt: John hatte völlig vergessen, dass gerade Ramadan war. Er kaufte sich an der Straßenecke eine dieser wohlriechenden und auch gut schmeckenden heißen Kartoffeln mit pikanter Füllung und bestieg damit den öffentlichen Bus, der bereits voll besetzt war. Im hinteren Teil stellte er sich dorthin, wo es noch freie Handschlaufen gab. Mit der freien Hand führte er genussvoll die noch heiße Kartoffel zum Mund. Nach einigen genießerischen Bissen fiel ihm auf, dass einige der anderen Mitfahrer im Bus ihn öfter, als er es sonst als Ausländer gewohnt war, anstarrten. John wurde unruhig und auch etwas ungehalten, als die Blicke immer unverhohlener wurden. Offensichtlich bezogen sie sich auf die Kartoffelreste in seiner Hand.

»Sollen sie sich doch selbst eine kaufen«, ärgerte er sich und fühlte seinerseits Ablehnung gegenüber den anderen im Bus aufkommen. Bevor der Ärger in ihm zu groß wurde, erreichte er jedoch sein Fahrtziel und war nur froh, diesen merkwürdigen Bus und die sich so ungewöhnlich verhaltenden Mitfahrer zu verlassen. Zu Hause angekommen, erzählte er seiner Frau von dieser merkwürdigen Fahrt und den Blicken der anderen im Bus. Seine Frau, die wohl mehr als John im türkischen Kalender verankert war, bemerkte recht bald den kulturellen Patzer ihres Mannes, wies ihn auf die derzeitige Fastenzeit hin und die Auswirkung, die eine so wohlriechende Mahlzeit auf die Mitreisenden haben konnte. Wie es John wohl in diesem Moment zumute war...?

6

VERSEHEN VERSTEHEN ...

Auch wir selbst haben in unserem Leben und Arbeiten in der Türkei immer wieder kulturelle Fehler gemacht – manche habe ich ja schon geschildert. Man lernt auch durch solche. Sowohl hier im Orient als auch in Europa konnten wir aber auch immer wieder eine Brücke zwischen den Kulturen bauen. So zum Beispiel eines Tages bei einem gut mit uns befreundeten Ehepaar in Deutschland ...

Mein Freund war entrüstet. Und das in seinen Augen zu Recht. Wie verachtend. Und geradezu hochnäsig. In kurzen Sätzen berichtete er mir vom Besuch seines türkischen Bekannten. Schon lange hatte man sich treffen wollen, nun auch mit den Ehefrauen. Was zunächst einen netten interkulturellen Austausch verhieß, endete zumindest auf bundesdeutscher Seite mit einer herben Enttäuschung und anschließender Bitterkeit. Weder bei der Begrüßung im Flur noch beim Abschiednehmen vor der Tür habe er seiner Frau die Hand geschüttelt. Und im Gespräch habe er sie noch nicht einmal angeschaut. Während »Peter« mir das erzählte, zitterte seine Stimme spürbar und seine Erregung war auch jetzt noch, fast zwei Wochen nach dem Vorfall, erkennbar.

Langsam verstand ich, worum es überhaupt ging. Der türkische Bekannte meines Freundes hatte Peters Frau nicht per Handschlag begrüßt und war ihr auch mit Blicken ausgewichen. Sie sei zu Recht verletzt, meinte mein aufgebrachter Freund. Doch mit wenigen Sätzen konnte ich den Sachverhalt erklären. Der türkische Bekannte von Peter wollte dessen Frau Ehrerbietung zeigen. Er wollte deutlich machen, dass sie in seinen Augen eine ehrbare Frau war. Als Türke aus einer eher konservativ-islamischen Familie hatte er von jeher gelernt, dass man nur seiner eigenen Frau oder seiner Mutter offen in die Augen schauen darf. Und solchen, die wenig oder keine Ehre besitzen, zum Beispiel Prostituierten. Als solche wollte er die Frau seines deutschen Bekannten natürlich nicht sehen. Er drückte mit seinem Verhalten Respekt aus. Was mein Freund damit verband, stand auf einer anderen Karte ...

Deutschland nicht nur als Bundesrepublik, sondern auch, wie der ehemalige deutsche Bundespräsident Christian Wulff bei seiner Amtseinführung 2010 sagte, als »bunte Republik« zu sehen, fällt den meisten Bürgern unseres Landes, zumindest in den Städten, nicht mehr schwer. Die Vielfalt der Kulturen ist von Hamburg bis München, vom Niederrhein bis nach Berlin im Straßenbild nicht mehr wegzudenken. Von den einen als Chance gesehen, hegen andere Vorbehalte in ihren Herzen und sehen diese hier und da durch die in den Medien berichteten Tagesereignisse bestätigt. Die türkische Frau, die – obwohl sie bereits über zwanzig Jahre in Deutschland lebt – immer noch nicht der Landessprache mächtig ist oder die Abschiebung einer Asylantenfamilie in ihr politisch unsicheres Heimatland können je nach Einstellung und Vorerfahrungen durchaus unterschiedliche Meinungen und Reaktionen hervorrufen. Wo der eine die Grenze des Tragbaren bereits überschritten sieht, meint ein anderer die vermeintlich schlechte Integrationspolitik der Bundesregierung hinter den immer offensichtlicheren Missständen erkennen zu können. Ja, sie ist bereits seit einigen Jahren in vieler Munde, die bunte Republik ...

Auch wir als Familie wurden manchmal mit diesen Diskussionen und drängenden Fragen in meiner Heimatstadt am Rande des Ruhrgebietes konfrontiert. Natürlich konnten und können wir mit unseren Erfahrungen als langjährige »Gastarbeiter« in der Türkei manche Dinge mit ganz anderen Augen sehen und teilweise als Mittler zwischen den Kulturen fungieren. Wir hatten ja am eigenen Leibe erfahren, wie groß, ja manchmal schier unüberbrückbar die kulturellen Unterschiede zwischen diesen beiden Ländern sind.

Zwischen der Türkei und Deutschland liegen eben nicht nur 3000 bis 5000 Kilometer, sondern es gibt auch in vielen Bereichen markant unterschiedliche Werte, Lebenseinstellungen und Gebräuche. In der Türkei habe ich unseren Gästen manchmal bereits beim Verlassen des Flughafens klarzumachen versucht, dass sie nun nach etwas mehr als drei Stunden Flugzeit einen anderen Erdteil betreten haben. Es braucht Hintergrundwissen, Einfühlungsvermögen und einfach auch Zeit, sich auf das Abenteuer der Begegnung mit dem Orient einzulassen. Und dies genauso andersherum im Blick auf den Orientalen, der sich nicht nur geografisch Europa nähern will.

Wir sind manchmal Botschafter in zweierlei Hinsicht geworden: Auf der einen Seite vertreten wir die kulturelle Identität unseres langjährigen Gastlandes, der Türkei. Wir verstehen in vielen Punkten die hier in Deutschland lebenden, für unsere Augen oft so anders wirkenden Menschen aus dem Orient. Wir können ihre Vorsicht, ihre Ängste und manchmal eben auch Verletzungen verstehen und nachvollziehen. Wir sehen aber auch manche Fehler und ihre heutigen Folgen. Auf der anderen Seite sind wir Europa noch oder vielleicht besser gesagt wieder so nah, dass wir auch die Ängste und Verletzungen auf dieser Seite des von Kultur geprägten Denkens verstehen können. Manch gehegte Sorge im Blick auf kulturelle Vielfalt in einer bunten Republik des 21. Jahrhunderts können wir gut nachvollziehen. Wir möchten als Familie mithelfen, wirkliche Begegnung der Kulturen im Westen und auch in der Türkei möglich zu machen.

Im Blick auf das Miteinander in Europa beginnt dieses neue Abenteuer eigentlich schon mit Überschreiten der türkisch-griechischen Landesgrenze. Diese Grenze, die Anfang 2020 ob der vielen illegalen Einwanderer von der Türkei in die EU gesichert wurde, ist im Frühjahr wegen der Corona-Krise geschlossen. Viele fragen sich, was geschehen wird, wenn die Grenze wieder aufgeht. Wird es zu einer erneuten Masseneinwanderung nach Europa kommen? Werden es diesmal nicht nur Asylanten aus Syrien, Afghanistan und dem Iran, sondern auch aus der Türkei sein? Wir leben in einer höchst unsicheren Zeit mit vielen offenen Fragen. Was wird geschehen, wenn noch mehr Orient in den Westen strömt?

Jemand, der das Leben im Orient nicht kennt und nie dort gelebt hat, kann hier und da nur mit Unverständnis Empfindungen begegnen, die ihm selbst völlig fremd sind, ja, fast von einem anderen Stern erscheinen. Und doch gibt es Möglichkeiten der Annäherung. Auch für solche, die nur eine der beiden Kulturen richtig kennengelernt haben. Wahrscheinlich wurden aber hier zur Zeit der ersten Gastarbeitergenerationen auf beiden Seiten manche zum Teil schwerwiegende Fehler gemacht. Und erst jetzt, nachdem der eine oder andere Zug der Integration schon fast abgefahren scheint, werden auf diesem Gebiet auf Bundes- und Landesebene viele Anstrengungen unternommen, um eine wenn auch späte Annäherung der Kulturen zu ermöglichen. Jedoch bedarf es daneben oder vielleicht besser gesagt noch davor offene Herzen und offene Häuser, um wirkliche Begegnung zu ermöglichen. Oder wie ich es einmal spontan auf einer Jahreskonferenz eines Lehrernetzwerkes ausdrückte: »Integration ist keine Frage der Paragrafen, sondern der Herzen.« Und da gibt es wohl auf beiden Seiten Bedarf an Verständigung, Vergebung und neuen Anfängen.

Manchmal bin ich in den letzten Jahren über die Inhalte einiger Angebote erstaunt gewesen, die in Deutschland über staatlich-behördliche Kanäle zur verbesserten Eingliederung von Menschen mit Zuwanderungsgeschichte offeriert werden. Als früherer Lehrer an einer Gesamtschule in der nordrhein-westfälischen Regierungshauptstadt Düsseldorf konnte ich über manche Maßnahmen der Schulpolitik nur den Kopf schütteln. Hier und da verglich ich die

Bemühungen auf dem Gebiet mit unserer eigenen Situation, zum Beispiel als Eltern eines Schulkindes oder mittlerweile Studentin in der Türkei. Eigentlich gab es sowohl für uns als Eltern wie auch für unsere Tochter keine größeren Schwierigkeiten mit Leben und Lernen an der örtlichen Schule. Ein Beitrag dazu mag allerdings auch gewesen sein, dass wir uns als Eltern schon früh, noch vor der Einschulung, mit Hanna beschäftigten und ihr selbst Lesen und Schreiben auf Deutsch beibrachten.

In einem von mir besuchten Workshop zur Verbesserung der Sprachförderung von Kindern mit Zuwanderungsgeschichte im deutschen Schulsystem wurden verschiedene Theorien und Meinungen erörtert, wie eine solche Förderung am besten geschehen könne. Nun wurden diese Ansätze diskutiert und bewertet. Die Runde hörte interessiert zu, als ich vom Werdegang unserer deutschen Tochter an einer türkisch-staatlichen Schule erzählte – ihrem zunächst deutschen, dann türkischen Spracherwerb und anschließenden Weg durch vier recht erfolgreiche Schuljahre an der türkischen Grundschule. Nur war hieran, jedenfalls was die Förderung eines Kindes mit »deutscher Zuwanderungsgeschichte« betraf, der türkische Staat kein bisschen beteiligt. Wohl aber wir als Eltern, die uns umgebenden türkischen Nachbarn und Hannas Lehrer – durch eine offene Gesinnung und offene Häuser sowie Liebe, die durch den Magen geht...

7

KEINE ARBEITER OHNE ERNTE!

Als er die vielen Menschen sah, hatte er tiefes Mitleid mit ihnen, denn sie hatten große Sorgen und wussten nicht, wen sie um Hilfe bitten konnten. Sie waren wie Schafe ohne Hirten. Deshalb sagte er zu seinen Jüngern: »Die Ernte ist groß, aber es sind nicht genügend Arbeiter da. Betet zum Herrn und bittet ihn, mehr Arbeiter zu schicken, um die Ernte einzubringen.«

Matthäus 9,36–38 (NLB)

»Wenn der Herr der Ernte Arbeiter in seine Ernte ruft, dann wird es wohl auch eine Ernte geben«! – Diese Wahrheit kam mir in den Monaten nach unserer Rückkehr nach Muğla im Sommer 2015 immer wieder in den Sinn und ich teilte sie nicht nur Renate, sondern auch etlichen Freunden zur Ermutigung mit. Im Blick auf die Ernte hatte sich im Land wirklich etwas getan: Jedes Jahr stieg die Zahl der Einheimischen, die sich über den Bibelkorrespondenzkurs für einen Bibelfernkurs anmeldeten. Auch nahm die Zahl der Gläubigen in den verschiedenen Landesteilen zu. 2019 loggten sich sogar über eine Million Menschen in der Türkei auf der Website des Kurses ein. Ungefähr 20 000 Neue Testamente wurden im gleichen Jahr an alle Interessierten verschickt!

Wir durften in der Folge erleben, wie Gott Stück um Stück »Arbeiter für die Ernte« – also sein Team – zusammenstellte. Doch bevor ich von all diesen Führungen reden möchte, sei ein Blick auf das Erntefeld getan. Was für eine Stadt ist Muğla überhaupt und was macht sie besonders?

Zunächst einmal ist Muğla die Hauptstadt der gleichnamigen Provinz im Südwesten der Türkei. Vor einiger Zeit wurde sie zur »Großstadt« erklärt, was wahrscheinlich auch politisch motiviert war, da sie mit umliegenden Dörfern eigentlich nur 110 000 Einwohner zählt. Seitdem wird die Kernstadt nun offiziell Menteşe genannt.

Muğla ist, wie viele andere Orte in der Türkei auch, eine alte Stadt und liegt in dem historischen Gebiet Karia. Es war früher ein Durchgangsort von Karawanen, wovon auch einige alte Gebäude zeugen, die wohl früher als Herberge der durchziehenden Gruppen dienten. Die Altstadt ist recht groß und verwinkelt. Da vor Einnahme durch die Osmanen Italiener und Griechen in ihr lebten, ist sie von weiß getünchten Häusern gekennzeichnet und hat viele kleine Gassen, die, nicht für den Autoverkehr gemacht, zum Teil sehr schmal sind. Aus diesem Grund kann es in diesem Teil trotz Zentrumsnähe sehr ruhig sein. Später, als Muğla dann wuchs, kamen die heutigen neueren Teile der Stadt mit mehrgeschossigen Häusern dazu; allerdings ist die Zahl der Stockwerke von der Stadtverwaltung begrenzt. In Muğla findet sich kaum Industrie, einzig ein Kalkwerk am Rande der Stadt beschäftigt eine größere Zahl von Arbeitern. Die anderen Einwohner sind zumeist als Beamte (Muğla ist ja die Hauptstadt der Provinz), im Kleingewerbe, als Lehrer in vielen Grund- und weiterführenden Schulen oder auch selbstständig tätig. Daneben gibt es eine für die Dimensionen der Stadt relativ große Universität mit derzeit ca. 30 000 Studenten an vielen Fakultäten.

In Muğla gab es noch vor etwa hundert Jahren einen großen griechischen Bevölkerungsanteil. Griechen hatten diesen Landstrich der Südwest-Türkei lange Zeit mit bewohnt und wurden erst zur Zeit des Bevölkerungsaustausches durch Kemal Atatürk nach dem Ersten Weltkrieg deportiert. Es gibt einen inzwischen sogar über die Türkei hinaus bekannt gewordenen Schriftsteller, der versucht hat, diese Zeit der Geschichte Muğlas aufzuarbeiten und einem weiteren

Leserkreis zugänglich zu machen. Dabei lässt er in einigen seiner Romane Griechen und Türken miteinander leben und arbeiten, um an der Geschichte einzelner Menschen und Familien die damaligen Ereignisse lebendig werden zu lassen. So erzählt Ertugrul Aladağı in einem seiner bekannteren Bücher zum Beispiel die Geschichte einer Liebe zwischen einem griechischen Mädchen und einem jungen türkischen Mann. Die beiden werden durch die Deportation der Griechen auseinandergerissen und sehen sich nicht mehr wieder. Erst etliche Jahrzehnte später unternimmt der inzwischen gealterte türkische Mann eine Reise in die Vergangenheit, nach Griechenland. Hier versucht er, Spuren seiner alten Liebe wiederzufinden, und kommt sogar bis in das Dorf, in dem seine ehemalige Geliebte gelebt hat.

Der Roman gibt sehr einfühlsam wieder, was viele Menschen damals am eigenen Leib erleben mussten. Zeitzeugen berichten in einem anderen Buch Aladağıs von weiteren Schicksalen verschiedener Familien und Einzelpersonen dieser Zeitepoche. Die Bücher machen deutlich, dass das Miteinander der griechischen und türkischen Bevölkerung sehr gut und harmonisch gewesen sein muss. Die Griechen waren unter der türkischen Mehrheit unter anderem durch ihre Handwerkskunst sehr anerkannt. Auch zeugen bis heute viele alte Gebäude und Häuser von der griechisch geprägten Vergangenheit der Stadt. Ein alter öffentlicher Begegnungsort der Griechen (»Şaraphane« = Weinhaus) wurde erst vor einigen Jahren als eine Art Haus der Künste renoviert und von der Stadtverwaltung wiedereröffnet.

Auch muss es früher mehrere Kirchen gegeben haben. Nach dem Wegzug der traditionell griechisch-orthodoxen christlichen Minderheit wurden diese nicht mehr genutzt und anderen Bestimmungen zugeführt. Einmal besuchte ich mit einer kleinen Gruppe ein türkisches Wohnhaus, in dem einzelne Mauerreste von einer funktional sehr anderen Vergangenheit zeugten und Überbleibsel einer alten Kirche freigaben. In einem anderen Buch fand ich durch einen Zeitzeugen beschrieben, wie man nach der Deportation der griechischen Minderheit die Glocke einer Kirche entfernt und in den bis heute erhaltenen Uhrenturm der Stadt eingesetzt hat. Ich hatte mich schon immer über die Glocke gewundert, die stündlich über der Stadt erschallt und so unwirklich christliche Klänge in einem zu fast 100 Prozent muslimischen Umfeld erklingen lässt. Nun kannte ich den Grund.

Zur Zeit der genannten Deportation unter Atatürk muss es etliche Griechen gegeben haben, die dem Gebot der türkischen Regierung nicht folgten und sich zum Beispiel in kleineren Dörfern um Muğla herum verbargen. Sie nahmen türkische Namen an und manche konvertierten sicher auch zum Islam. Mit der Zeit müssen sich diese Menschen in die türkische Bevölkerung integriert haben. Noch heute begegnet man mancherorts Menschen, die von ihrer äußeren Erscheinung her nicht in die türkische Bevölkerung zu passen scheinen, sehr wohl aber türkische Namen tragen und von der Restbevölkerung als Türken akzeptiert sind. Wie viele Geheimnisse verbergen sich wohl hinter dem ein oder anderen blauäugigen Gesichtszug, der uns in dieser Ecke der Türkei begegnet?

Obwohl unsere Stadt also einen zum Teil christlichen Hintergrund hat und es Kirchen gegeben hat, versammelten wir uns als die wenigen in Muğla lebenden Christen in unseren Häusern oder zur wärmeren Jahreszeit manchmal auch im Freien, um zusammen mit unseren Kindern sehr einfache Gottesdienste zu feiern. Da standen jeweils eine Gitarre und einige Liederhefte bereit, jemand hatte sich auf einen kurzen Text vorbereitet und für die Kinder gab es nur manchmal ein eigenes Programm. Wir tranken entweder Tee miteinander und aßen Gebäck oder nahmen ein gemeinsames Mittag- oder Abendessen ein. Unsere Versammlungen hatten wenig Struktur, vieles war spontan und es gab weder ein spezielles Gebäude noch einen offiziellen Geistlichen. Ich muss ehrlich sagen, dass ich diese Form christlichen Gottesdienstes sehr viel ansprechender fand und finde, als wenn es in speziell dafür hergerichteten Räumen ein vorbestimmtes und oftmals nur von bestimmten Personen ausgeführtes Programm gibt. Jedenfalls gab es hier unter uns Gelegenheit, sich auszutauschen, Erfahrungen weiterzugeben und am Leben des anderen Anteil zu nehmen.

Hier und da zeigten und zeigen auch Einheimische Interesse, einmal bei einem solchen Treffen dabei zu sein. Die meisten Türken kennen christliche Gottesdienste nur aus dem Fernsehen im Zusammenhang mit Filmen aus dem Westen, vorzugsweise Produktionen aus den USA oder Europa. Hier und da werden in Satellitenprogrammen auch Sendungen mit christlichen Inhalten aus anderen Ländern übertragen; meistens jedoch ohne dass der landläufige Türke die Inhalte gut verstehen oder nachvollziehen könnte. Dies liegt daran, dass in der Schule zu wenig Hintergrundinformationen über andere Glaubensüberzeugungen vermittelt werden und zu viele Vorurteile gegenüber anderen Religionen im ganzen Land kursieren.

Immer wieder bin ich solchen seltsamen Überzeugungen in meinem türkischen Alltag begegnet. Da glauben viele Landsleute im Blick auf den Dreieinigkeitsglauben der christlichen Kirche an eine sexuelle Verbindung des Schöpfergottes mit Maria, aus der Jesus Christus hervorgegangen sei. Oder es wurde mir wiederholt von einem der ersten Mondfahrer berichtet, der im Universum (wo meines Wissens kein Schall übertragen wird…) den Ruf des Muezzin gehört habe und daraufhin Muslim wurde. Die Entstehung des Neuen Testamentes wird unter den Einheimischen so weitererzählt: In den ersten Jahrhunderten gab es zunehmend verschiedene Ausgaben des Neuen Testamentes unter den Christen. Als dies den Geistlichen zu viel wurde, legte man alle aufgekommenen Ausgaben bei einem der ersten Kirchenkonzile auf einen großen Tisch und rührte so lange in diesem herum, bis nur noch eines der Bücher übrig blieb. Dieses wurde dann als das für alle gültige Neue Testament der jungen Christenheit erklärt.

Man wundert sich, dass solche und ähnlich abenteuerliche Geschichten bis heute unter den Einheimischen kursieren und ihre gläubigen Abnehmer finden – übrigens sehr wohl auch unter den gelehrten Hocas (religiöser Lehrer) und Imamen der zahlreichen Moscheen des großen Landes. Auch könnte man sich wundern, dass trotz dieser Erzählungen und der für die allermeisten Türken unzweifelhaft feststehenden Überlegenheit des Islam gegenüber allen anderen Glaubensrichtungen doch immer wieder Einheimische ihr Interesse an der Teilnahme an unseren kleinen, christlichen Versammlungen bekundeten. Wir gingen in der Regel eher vorsichtig mit solchem Interesse um. Bis heute kann ein in der Türkei lebender Ausländer, der Einheimische in christliche Versammlungen einlädt, sehr schnell in eine Schublade der öffentlichen Meinung geraten, in die er nur ungern eingeordnet werden möchte und aus der er auch nur schwer bis überhaupt nicht wieder herauskommt.

Es gibt in der Türkei eine Art Missionar-Phobie. Die Angst des Volkes und seiner staatlichen Vertreter im Blick auf den Kontakt von Einheimischen mit dem christlichen Glauben oder einem seiner Vertreter ist nur sehr schwer zu verstehen oder nachzuvollziehen. Man kann diese Angst in Teilen vielleicht mit dem Hintergrund des Landes erklären, in dessen Geschichte es eine Vielzahl von Teilungen und Zersplitterungen gegeben hat, sodass man weitere Trennungen innerhalb der Bevölkerung vermeiden möchte. Manchmal hört man auch noch von den Kreuzzügen alter Tage oder erzählt von den Gräueltaten sogenannter Christen in anderen Ländern der Erde. Natürlich tragen auch die Medien, die in den vergangenen Jahren manche »Aufklärungsarbeit« in Sachen christlichen Glaubens oder christlicher Mission geleistet haben, ihren Teil dazu bei. All diese Elemente können für mich aber die genannte Phobie nur teilweise erklären, es stecken wohl noch andere Aspekte dahinter.

Jedenfalls war es für uns von daher nicht leicht, dem Interesse Einheimischer an unseren einfachen Versammlungen richtig zu begegnen. Ich erinnere mich zum Beispiel an einen jungen Studenten, der eines Tages unvermittelt in meinem kleinen Büro stand. Ich empfing ihn mit freundlichen Worten und wahrscheinlich auch fragender Mine. Der ungefähr 18-Jährige erklärte mir, dass er von der örtlichen Vertretung des Tourismusministeriums zu mir geschickt worden sei. Er wolle nämlich einmal an einer Weihnachtsfeier von Christen teilnehmen. Ein Angestellter des Ministeriums warnte ihr vorab: »Pass aber auf...«

Osman nahm dann tatsächlich an einigen unserer Versammlungen teil und wir durften ihn als Familie bei einigen Stationen seines weiteren Lebens begleiten. Aber auch im Blick auf jede Form von Zuwendung muss man sehr achtgeben. Mancherorts wird das Vorurteil gehegt, man wolle Einheimische mit materiellen Dingen für den christlichen Glauben kaufen. Schon allein die Tatsache, dass wir keine falschen Abhängigkeiten fördern wollten, ließ uns jedoch ohnehin viele Male von solchen materiellen Hilfeleistungen Abstand nehmen. Jedoch ist es im Einzelfall manchmal eine sehr schwere Entscheidung, wie man wirklich hilfsbedürftigen Menschen helfen will und kann.

Nachdem wir gleich nach unserer Rückkehr zwei ausländischen Freunden unsere Stadt vorgestellt hatten, machten wir uns daran, unser Anliegen, den Menschen um uns herum und insgesamt in der Türkei das Evangelium der Liebe Gottes weiterzugeben, auch in weiteren Kreisen bekannt zu machen. So informierten wir über unterschiedliche Kanäle die im Land vorhandenen christlichen Gemeinden darüber und schrieben über unsere Rundbriefadressen auch

Freunde im Ausland an. Wie dann allerdings das Team zusammenkam – das hat eindeutig Gott selbst gewirkt:

Zunächst war es eine große, ebenfalls ausländische Familie, die erwog, mit ihren acht (!) Kindern von einer anderen Region des Landes in unsere Stadt zu ziehen. Sie kamen in der Folge mehrmals, um die Stadt und uns kennenzulernen, und hatten auch Kontakt zu anderen, die den gleichen Schritt in Erwägung zogen. Dann waren da plötzlich mehrere einheimische Geschwister, die im Blick auf unser Umfeld Erkundigungen einholten. Eindrücklich in Erinnerung ist mir noch ein Treffen mit einer jungen Familie, die jetzt bereits seit ca. zwei Jahren in unserer Stadt lebt und dort zunehmend zum Segen wird. Wir trafen uns vor den Stadttoren des alten Ephesus. Dort im Auto auf dem Parkplatz besprachen wir eine eventuelle Zusammenarbeit bei uns in Muğla, erörterten die Gegebenheiten in der Stadt und hatten ein gutes Miteinander. Ermutigt kehrten Renate und ich zurück, und tatsächlich tat die Familie dann ganz konkrete Schritte, um zu uns zu kommen. Eine andere einheimische Familie schloss sich ihnen an, die nun auch seit fast zwei Jahren in unserer Stadt lebt.

Inzwischen hatte sich auch die zuvor genannte große Familie mit ihren acht Kindern entschlossen, den Schritt zu wagen und nach Muğla zu ziehen. Eine koreanische Freundin dieser Familie kam gleich mit und später folgten dann noch weitere türkische Freunde. Miteinander bilden wir einen inzwischen für unsere kleine Stadt doch recht großen Kreis von Mitarbeitern, die es allesamt auf dem Herzen haben, die Liebe Gottes zu den Menschen unserer Stadt und darüber hinaus zu tragen. Doch wie anfangs gesagt: »Wo der Herr Arbeiter ruft, muss auch eine Ernte sein.« Und bei einer für türkische Verhältnisse so großen Mitarbeiterschar wird die Ernte wohl nicht gerade klein ausfallen!

8

DIE KIRCHE IM DORF

Unsere langjährige Arbeit mit den Gästehäusern hatten wir inzwischen eingestellt. Zwar hatten wir auf privater Ebene immer noch hin und wieder Freunde und Bekannte zu Besuch aus Europa und Übersee, aber die türkische GmbH hatten wir geschlossen und den Wirtschaftsbetrieb eingestellt. Unsere früheren Mitarbeiter waren ja zurück nach Deutschland gezogen und es war auch zunehmend schwer geworden, als Ausländer in der Türkei Geschäfte zu führen und eine Arbeitsbewilligung zu bekommen. Wir selbst waren ja auch schon nicht mehr die Jüngsten und wollten unsere verbleibenden Kräfte lieber in die wachsende Gemeindeaufbauarbeit und die Begleitung der anderen Familien investieren. Auch gab es für mich die Möglichkeit, in der Türkei offiziell Rentner zu werden. Für meinen Jahrgang galt noch die alte Regel, unabhängig vom Alter nach 25 Arbeitsjahren berentet zu werden und keine Krankenkassenbeiträge mehr entrichten zu müssen. Das ging ich an und empfing fortan eine geringe Rente in meinem Gastland. Die früheren Gästehäuser behielten wir zunächst, überlegten aber, diese in Zukunft zu vermieten oder zu verkaufen.

Nachdem wir uns etliche Jahre als kleine Gemeinde in unseren Wohnzimmern getroffen hatten, wurde es durch die immer größere Zahl an Mitarbeitern langsam Zeit für ein eigenes Gebäude. Ungefähr ein Jahr behielten wir dennoch auch als große Gruppe unsere Versammlungsorte in verschiedenen Häusern bei und wuchsen in dieser Zeit immer mehr zu einer Einheit. Auch wurde deutlicher, wer welche Gaben und Stärken hatte, sodass wir Aufgaben klarer verteilen konnten. Ein Leitungsteam aus Ältesten bildete sich, Männer und

Frauen trafen sich neben unserer sonntäglichen Zusammenkunft auch in der Woche zum Austausch und Gebet. Besonders unseren einheimischen Mitarbeitern schien es jetzt zunehmend wichtig, einen auch nach außen sichtbaren Gemeinderaum in unserer Stadt zu mieten – vor allem im Blick auf einen offiziellen Status und eine deutlichere Präsenz in der Stadt. Ich selbst mag zwar Hausgemeinde sehr, auch im Blick auf die Einfachheit und das Potenzial zur schnellen Multiplikation, wollte aber an diesem Punkt den einheimischen Christen nicht widersprechen oder entgegenwirken.

In den folgenden Monaten hielten wir unsere Augen und Ohren offen und tauschten uns immer wieder auch im Blick auf mögliche Objekte aus. Obwohl uns einige Räume zu Ohren kamen, scheiterte es immer wieder an der für uns nötigen Größe, den Finanzen, oder das Anliegen wurde von Seiten des Eigentümers ziemlich bald abgewehrt. Eine »Kirche« in Muğla war für manche zu diesem Zeitpunkt noch undenkbar und wurde ja auch von der Erdoğan-Regierung nicht gerade befürwortet. Selbst unsere eher laizistisch geprägte Stadtverwaltung schien sich bei dem Gedanken nicht die Finger verbrennen zu wollen und versagte uns ein Gebäude aus ihrem eigenen Bestand. Immer wieder sagten wir uns, dass der Herr wohl etwas Besseres für uns vorbereitet hatte, und letztlich kam es dann auch so ...

Inzwischen war eine weitere einheimische Familie mit kleinem Kind zu uns gestoßen – wunderbar passend zu unseren anderen einheimischen Mitarbeitern. Obwohl Umut noch keine Arbeitszusage hatte, nahm er mit seiner jungen Frau und kleinem Sohn das Risiko auf sich, in unsere Stadt zu ziehen. Die erste Zeit verbrachten sie in einem Anbau unseres früheren Gästehauses; später wohnten sie in einem recht einfachen Haus in der Altstadt. Eben dieser neue Mitarbeiter Umut war es, der auf einem Gang durch die Stadt eine Wohnung in der Nähe des Stadtparks entdeckte, die zu mieten war. Für uns war nicht nur die Nähe zum Park, sondern auch die zentrale Lage ein wichtiges Kriterium: Das Gebäude befand sich schräg gegenüber einer in Muğla recht bekannten öffentlichen Schule, daneben lag eine private Schule und sowohl die örtliche Stadtverwaltung als auch das Oberbürgermeisteramt mit seinen vielen Dienststellen waren in direkter Nähe. Auch gab es eine Filiale einer großen Discounterkette im unteren Stockwerk nebenan und sowohl das Wassergeld wie auch die jährliche Grundstückssteuer konnten ca. 50 Meter weiter an der städtischen Zahlstelle beglichen werden. Und was noch hinzukam und ja eigentlich mit am wichtigsten war: Sowohl der größere Saal wie auch die Nebenräume erfüllten genau unsere Ansprüche und gaben auch den Kindern einen angemessenen Raum.

Wir alle waren uns einig, dass dies unsere Gemeinderäumlichkeit sein sollte. Nun stellte sich nur noch die Frage, ob wir uns diese Räumlichkeit in so zentraler Lage wohl leisten können würden und ob der Vermieter einer christlichen Gemeinde den Zuschlag geben würde, konnte ihm das doch selbst in unserer eher freidenkenden Stadt nicht nur Sympathien einbringen. Nun, der Mietpreis lag im oberen Rahmen unseres Budgets. Im Blick auf die zweite Frage stellte sich heraus, dass der Vermieter ein Architekt war, der sich nicht an unserem Status stören würde. Vielmehr, und das war wohl auch eine besondere Führung, erfuhren wir im Verlauf konkreterer Gespräche, dass er sogar in unserer Nachbarprovinz Antalya eine Kirche im Rahmen des »Dinler bahçesi – Garten der Religionen« konzipiert hatte und diese dann auch nach seinen Vorgaben gebaut worden war. (Dieser Garten der Religionen ist in der Nähe großer Hotelanlagen in Antalya Belek als eine Art Vorzeigeobjekt der türkischen Regierung im Blick auf praktizierte Religionsfreiheit gebaut worden.) Der Mietvertrag wurde also geschlossen und damit war ein ganz neuer Schritt in der jüngeren »Kirchengeschichte« unserer Stadt und Provinz getan.

9

EIN UNGLÜCK KOMMT SELTEN ALLEIN

Wir alle wussten, dass ein solches Vorhaben nicht ohne Gegenwehr des Feindes (so beschreibt die Bibel den Teufel, zum Beispiel im Matthäusevangelium Kapitel 13,39) bleiben würde. Und so kam es auch, nur noch mehr, als von uns gedacht ...

Dass erst bei näherer Inspektion und ersten gemeinsamen Arbeiten das Maß der nötigen Reparaturen in unseren Räumen deutlich zutage trat, war für unser Land recht normal. Die Umbauten gingen weit weniger schnell voran, als wir gedacht hatten, und der eine oder andere von uns fragte sich wohl bereits, wo und wie dies noch enden würde. Nachdem die meisten dringenden Arbeiten erfolgt waren, überraschte uns ein Wasserschaden in der Nacht – den wir erst am nächsten Tag bemerkten. Der große Saal wurde geflutet und damit auch der neue Parkettboden. Dieser wölbte sich nun in alle Richtungen und musste vollständig entfernt werden.

Auch etwas bezeichnend für die Situation im Land weigerte sich ungefähr zur gleichen Zeit ein mir bekannter Kleinunternehmer, ein Hinweisschild für unseren Verein anzufertigen. (Wie meist in der Türkei sollte unsere Gemeinde rechtlich über einen Verein getragen werden.) Der Mann hatte einfach Angst vor möglichen Reaktionen. Nach mühsamem Suchen fanden wir schließlich jemanden, der den Auftrag übernahm. Aber ich machte mir natürlich Gedanken: Wenn schon dieser Mann Ängste hatte, mit uns Geld zu verdienen, wie mochten erst die Reaktionen derer aussehen, die von vielen Vorurteilen geprägt Christen als Spione, Volksverräter und mit ausländischem Geld gekaufte Abgefallene sahen?

Auffallend waren auch viele Krankheitsfälle und später auch kleinere Unfälle im Team. Besonders unsere ausländischen Mitarbeiter mit den vielen Kindern waren oft betroffen und steckten die anderen an. Einer der Gemeindeältesten wurde durch manche Krankheit in seiner Familie oft in seinem Einsatz behindert. Der Arme fand in den für ihn ohnehin kurzen Nächten oftmals nur sehr wenig Schlaf und beschrieb uns manchmal, dass er fast schlaftrunken durch die Gegend liefe. Zwar freute sich seine Familie sehr über ihr zweites Kind, aber dadurch wurden die Schlafprobleme natürlich nicht gerade gelöst... Wir beteten oft mit- und füreinander und wussten auch, dass viele andere im Hintergrund für uns eintraten.

Die Einheit in den einzelnen Familien wie auch unter uns als Team war natürlich auch ein Angriffsfeld. Es gab viele Umzüge in der ersten Zeit, vieles in den Familien und im Team musste erst organisiert werden, Verantwortungen geklärt etc. Wie leicht können da Dissonanzen oder gar Streit entstehen. Dem Herrn sei Dank, der uns sicher oft bewahrt und neu gestärkt hat! Und vor allem John und Cindy gaben immer wieder aus ihrem reichen Erfahrungsschatz durch ihre Ehe mit acht Kindern weiter.

Was zu dem allen noch hinzukam, war eine beginnende Welle von Ausweisungen: Ausländische Mitarbeiter verschiedener Gemeinden im Land waren besonders im Jahr 2019 davon betroffen. Zunächst vereinzelt, dann zunehmend wurden im ganzen Land zum Teil bereits lange in der Türkei Wohnenden die Aufenthaltserlaubnis entzogen oder einfach nicht mehr verlängert. Einigen Mitarbeitern wurde bei einer Ausreise aus der Türkei offenbart, dass sie danach nicht mehr einreisen dürften; andere erfuhren sogar erst bei der Wiedereinreise von der personenbezogenen Einreisesperre. Da konnte man sich dann auch keinen Anwalt im Land mehr nehmen… Viele dieser Mitarbeiter hatten ihre Familien im Land und auch gemietete oder gekaufte Immobilien, in denen sie wohnten. In der Regel waren von dieser Willkür der Behörden nur die Männer betroffen, die Ehefrauen und Kinder ließ man weitestgehend in Ruhe. Doch was sollten Frau und Kind machen, wenn der Mann plötzlich ausgewiesen wurde oder gar nach einem Auslandsaufenthalt nicht mehr ins Land gelassen wurde? Wir hörten von immer neuen Fällen. Manchmal waren gute Bekannte darunter.

Von diesen Vorzeichen und Entwicklungen begleitet, feierten wir dennoch unsere ersten Zusammenkünfte im neuen Saal und hatten unsere Freude daran. Einmal hatten wir Besuch von einem Gastprediger aus China, der mit einigen seiner eigenen Erfahrungen gewürzt eine gute und feurige Predigt hielt. Es ging unter anderem darum, dem Teufel mit den Waffen Gottes zu widerstehen. Noch wusste ich nicht wirklich, dass es für mich und uns als Familie demnächst viel Übungsfeld auf diesem Gebiet geben würde.

TEIL 2
AUSGEWIESEN

10

GEWITTERFRONTEN

Schon lange hatten Hanna und ich davon geredet, die gesamte Strecke von Europa in die Türkei einmal mit dem Rad hinter uns zu bringen. Hanna hatte von Freunden ein sehr gutes Rennrad geschenkt bekommen, nur lagerte dieses nach ihrem Auslandssemester in Deutschland bei unseren früheren Teamkollegen. Aus verschiedenen Gründen schien uns die komplette Distanz dann doch zu gewagt und wir begaben uns im Juni 2019 auf eine verkürzte Tour, holten in Deutschland Hannas Fahrrad und machten uns von Frankfurt auf den Weg. Nach vielen Kilometern, einem Zwischenflug und ca. zwei Wochen später konnten wir dann auf der kleinen Insel Kos in Griechenland bereits das türkische Festland am Horizont erkennen. Eine kleine Fähre brachte uns ca. 2,5 Tage später dorthin. Es gab keine Probleme bei den Formalitäten und ich wähnte mich recht sicher im Blick auf die im nächsten Monat erforderliche Verlängerung meiner Aufenthaltserlaubnis. Wie falsch ich da doch lag; dunkle Wolken zogen bereits am Horizont des türkischen Festlandes auf…

Ein Auszug aus einer Mail vom 22. August 2019 an unsere betenden Freunde zeigt die Anfänge von den zum Teil turbulenten Ereignissen auf, die uns in der Folge zunehmend in Auseinandersetzung mit unseren Provinzbehörden, dem türkischen Staat, dem Geheimdienst der Türkei und höher werdenden Instanzen von Gerichten bringen sollten:

»Hätten wir uns bloß nicht eingemischt...«
Liebe Freunde,

diese Aussage hat ein einheimischer Bruder vor einigen Wochen im Blick auf die etlichen Ausweisungen ausländischer Geschwister aus der Türkei gemacht. Sie hat mir damals sehr gefallen. Er meinte damit, dass es den Behörden einmal leidtun werde, dass sie so gegen die ausländischen Christen vorgegangen sind, weil daraufhin die einheimischen Gläubigen erstarkt sind und sich vermehrt haben. Amen, so sei es!

Seit gestern sind wir nun auch betroffen...

Was war geschehen?

Nach unserer Radtour und einigen Vorbereitungen zogen wir als Familie wie auch sonst zu Beginn des Sommers auf unsere kleine Farm am Rande der Stadt. Diese Farm hatten wir ursprünglich für uns und Gäste als einen kleinen Rückzugsort hergerichtet. Viele türkische Familien in der Stadt hatten einen vergleichbaren kleinen »Landsitz«. So gehörten wir also mit unserer Farm noch mehr zur »Stadtkultur« und dem Leben der Menschen in unserem Umfeld. Ich freute mich auf die wärmeren Monate, das andere, etwas ländlichere Umfeld sowie manch gute Zeit und Begegnungen, die wir erwarten durften. Doch vieles kam ganz anders als gedacht...

Zunächst einmal hörten wir, dass es Renates Mutter in Österreich zunehmend schlecht ging. Gemeinsam beschlossen wir, dass meine Frau in ihre Heimat fliegen würde, um ihr wenn nötig auch über eine längere Periode beizustehen. Am 20. August 2019 sollte es für sie nach Vorarlberg gehen und die Vorbereitungen wurden getroffen. Der Tag kam und wir verabschiedeten uns auf zunächst begrenzte Zeit, da auch ich im September für zwei Wochen, unter anderem für eine Wochenendfreizeit unserer aussendenden Gemeinde, nach Österreich kommen wollte.

Nun war ich also mit Hanna und zeitweiligen Besuchern allein auf der Farm – den Garten von Renate mit Gemüse und Erdbeeren versuchten wir zumindest auf gutem Stand zu halten. Am 21. August führte uns ein Behördengang in die Stadt. Wir mussten Hannas Adresse ändern lassen, da sie offiziell noch in unserem Gästehaus gemeldet war, nachdem sie dort mit anderen Studenten für eine Zeit gewohnt hatte. So gingen wir gemeinsam zum zentralen Einwohnermeldeamt, wo eine jüngere Frau behilflich war und die nötige Ummeldung vornahm. Danach sollten wir allerdings noch bei der Immigrationsbehörde vorstellig werden, da auch dort die Umschreibung vorgenommen werden musste. »Prima«, dachte ich, »dann kann ich dort auch gleich nach meiner neuen Aufenthaltserlaubnis fragen.« Ich hatte vor fünf Wochen auf dem Amt eine vorläufige Erlaubnis für die nächsten zwei Jahre bekommen, doch wartete ich nun noch auf die per Post kommende Identitätskarte, die eigentlich eine reine Formsache sein sollte.

Hanna war vorausgefahren, ich traf kurze Zeit später bei der Behörde ein. Für ihre Adressänderung wolle man auch mich sprechen, sagte sie mir. Das wunderte mich – was hatte ich damit zu tun? Hanna war mit ihren 22 Lebensjahren ja auch in der Türkei volljährig und selbst verantwortlich.

Mit Hanna wartete ich zusammen auf einer der Bänke. Neben uns hatten auch manch andere Ausländer Platz genommen. Schließlich kam ein Mitarbeiter und führte Hanna in einen anderen Bereich; ich sollte warten. Mir wurde unwohl zumute und ich begann langsam, das Schlimmste zu befürchten. Kurze Zeit später wurde dann auch ich in ein Zimmer gebeten und nahm vor dem Schreibtisch der Sachbearbeiterin Platz. Einige Dokumente lagen vor ihr auf dem Tisch. Ihr schien auch nicht gerade wohl zu sein, als sie das Gespräch eröffnete: »Ihre Aufenthaltserlaubnis ist von Ankara abgelehnt worden. Sie haben zehn Tage Zeit, das Land zu verlassen.«

»Wie soll das gehen? Wir haben hier unser Haus und unsere Farm«, hörte ich mich sagen. Meine Gedanken kreisten und ich fügte noch die Frage »Warum?« hinzu. Die Dame zeigte mir ein bereits vorbereitetes Dokument auf dem Tisch. Es war eine an mich gerichtete Bekanntmachung, die ich jetzt als Bestätigung meiner Kenntnisnahme unterschreiben sollte.

Ich nahm das Dokument zur Hand und las, dass mein Gesuch um Verlängerung der Aufenthaltserlaubnis abgelehnt sei. Es handelte sich um ein Formschreiben, in dem verschiedene Gründe für die Nichterteilung angekreuzt werden konnten. Bei mir war das Kreuz bei »andere Gründe« gesetzt.

Das war nun wirklich nicht sehr aussagekräftig, was ich auch äußerte. Die Frau zuckte nur mit den Schultern. Ich hätte ja als Deutscher die Möglichkeit, später wieder als Tourist einzureisen, meinte sie noch und drängte nun auf meine Unterschrift. Mir fiel das Flugticket ein, das ich für den 11. September nach Europa gebucht hatte – an diesem Tag musste ich das Land bereits verlassen haben.

»Kann man die Frist nicht verlängern?«, fragte ich.

»Versuchen Sie umzubuchen«, meinte mein Gegenüber. »Sie kommen in Schwierigkeiten, wenn Sie nicht innerhalb der gesetzten Frist ausreisen.«

Nachdem ich mit der Dame noch erfolglos über die Möglichkeit einer Postzustellung mit dadurch verlängerter Frist diskutiert hatte, verließ ich den Raum.

Hanna, die inzwischen ihre Sache ohne Zwischenfälle erledigt hatte, wartete draußen auf dem Gang auf mich. »Papa, was war denn los?«

Ich antwortete mit langsamen Worten: »Meine Aufenthaltserlaubnis ist abgelehnt. Sie geben mir zehn Tage, das Land zu verlassen.«

Hanna dachte zuerst, ich mache einen Scherz, und äußerte es auch so: »Das ist ein Witz, oder?« Sie blickte mir in die Augen.

»Nein«, sagte ich nur und sah sie stumm an.

Hanna verstand und fing augenblicklich an, laut zu weinen. »Was machen wir denn jetzt?«, fragte sie verzweifelt. Und danach schrie sie laut in das Untergeschoss der Behörde: »Was ist das nur für eine Art Demokratie hier?«

Sowohl die anderen Ausländer als auch der diensthabende Wachmann schauten uns fragend an; keiner wagte aber, in dieser Situation etwas zu sagen. Von oben kamen jetzt sogar einzelne Bedienstete der Behörde, um nachzuschauen, was los war. Einzelne tuschelten miteinander, aber keiner fragte nach oder schritt ein.

Ich ließ Hanna schreien, sah ihren großen Schmerz und dachte: »Recht hat sie.« Noch einmal ging ich in das Zimmer gegenüber und fragte ein letztes Mal, ob eine Übersendung per Post die Frist verlängern würde. »Nein«, hieß es erneut. Wir wandten uns dem Ausgang zu. Der Wachmann traute sich kaum, uns anzuschauen.

Noch auf dem Weg zu unseren Fahrrädern sagte ich zu meiner Tochter: »Hanna, auch aus dem wird Gott Gutes werden lassen. Er wird es zum Guten gebrauchen.« Davon war ich ehrlich überzeugt.

Unsere Rückfahrt führte uns zunächst an unserem Haus in der Stadt vorbei. Während ich drinnen noch etwas zu erledigen hatte, ging Hanna kurz zu den Nachbarn und erzählte dort, was gerade geschehen war. Die Nachbarsfrau rief daraufhin wohl kurz entschlossen ihren Mann an. Schon bald fuhr der blaue Wagen von Mustafa vor. Er ist Schreinermeister und führt einen eigenen kleinen Betrieb im Industriegebiet. Er hatte alles stehen und liegen gelassen und war schnurstracks zu uns gekommen.

Mustafa rief draußen an der Tür nach mir und ich bat ihn ins Haus. Dort saßen wir dann nebeneinander auf der Coach. Mein langjähriger Nachbar fragte, wie es mir ging, und erklärte, dass er von seiner Frau von den Ereignissen gehört habe. Während ich ihm schilderte, was passiert war, begannen sich für mich völlig überraschend die Augen des gestandenen und gar nicht mehr jungen Schreinermeisters mit Tränen zu füllen, die kurze Zeit später über seine Wangen rollten. So etwas hätte ich nun wirklich nicht erwartet. Ein gestandener türkischer Mann saß neben mir und weinte. Und das wegen der drohenden Abschiebung seines deutschen Nachbarn. Nun war es auch um mich geschehen. Ich nahm Mustafa in den Arm und da saßen zwei ältere Männer aus zwei ganz verschiedenen Kulturen weinend auf der Coach. Mein Schmerz drehte sich auch um unser einziges Kind Hanna, die schon seit ihrer Kindheit sehr gerne in der Türkei lebte und die Kultur weit angenehmer empfand als die ihrer deutschen »Heimat«.

Schließlich brachen wir zur Farm auf. Die Fahrt dorthin verlief schweigsamer als sonst, aber innerlich war ich weiter gewiss, dass Gott alles in seiner Hand hatte.

In der Stadt hatte ich vor den Behördengängen auch ein längst überfälliges engmaschiges Netz für die Hühnerküken auf unserer Farm besorgt.

»Das können wir ja jetzt wohl vergessen«, meinte Hanna, nachdem wir das große Holztor passiert hatten.

»Nein«, sagte ich, »das werden wir jetzt in aller Ruhe anbringen.« In der nächsten Stunde waren wir beide damit beschäftigt, unsere Küken vor dem Ausbüchsen aus dem Gehege zu schützen. Auf diese Weise haben unsere Hühner uns davor bewahrt, dass unsere Gedanken nur um meine Ausweisung aus dem Land kreisten. Allerdings sollten sie das in den kommenden Wochen noch oft tun…

Erst nachdem wir mit dem Gehege fertig waren, informierte ich Renate und die Freunde vor Ort mit einer Sprachnachricht über diese neuen Entwicklungen. Meine Frau, die ja erst kürzlich nach Österreich zu ihrer Mutter gereist war, nahm in den kommenden Tagen von dort aus Anteil am Geschehen.

11

EINFACH GEHEN?

Ich war gerade dabei, in meiner Stillen Zeit am Morgen die Psalmen zu lesen. Psalm 11 war am Tag nach den unerfreulichen Ereignissen auf der Immigrationsbehörde an der Reihe und hatte mir in dieser für uns als Familie neuen Herausforderung einiges zu sagen. »Ich traue auf den Herrn«, heißt es da gleich zu Beginn.

Einige hatten ihm wohl geraten, vor seinen Feinden zu fliehen, als er einmal wieder in eine Auseinandersetzung verwickelt war. »Wie sagt ihr denn zu mir: ›Flieh wie ein Vogel auf die Berge‹?«, entgegnet er ihnen. In den weiteren Versen nennt der König etliche Gründe, warum er genau das nicht tun will: »Ja, sie reißen die Grundfesten um; was kann da der Gerechte ausrichten?« (Vers 3).

Sollte man also der Ungerechtigkeit beizeiten wehren, um die Gesellschaft vor Schlimmerem zu bewahren? Und sah nicht der Herr sowohl auf die Ungerechtigkeiten dieser Welt wie auch auf mein eigenes Verhalten, zum Beispiel auf meine Reaktion?

»Der Herr ist in seinem heiligen Tempel, des Herrn Thron ist im Himmel. Seine Augen sehen herab, seine Blicke prüfen die Menschenkinder. Der Herr prüft den Gerechten, aber den Frevler hasst er und den, der Gewalttat liebt« (Verse 4-5). Würde der Herr nicht die in seine Gemeinschaft rufen, die sich für die Gerechtigkeit einsetzten? »Denn der Herr ist gerecht und hat Gerechtigkeit lieb. Die Frommen werden schauen sein Angesicht« (Vers 7).

Mir machten diese Verse sehr viel Mut, die Ablehnung meiner Aufenthaltsgenehmigung nicht einfach hinzunehmen. Und auch die nachfolgenden Psalmen des Königs hatten mir in den nächsten Tagen viel zu sagen.

Immer wieder sah ich mich ermutigt, gegen die Ausweisung aufzustehen. Auch rein menschlich gesehen hatte ich allen Grund dazu: Wir hatten als Familie nun seit ca. zwanzig Jahren fast ununterbrochen eine Aufenthaltserlaubnis erhalten; wir besaßen auf unsere Namen gekaufte Immobilien in unserer Stadt (unser Haus, die Farm und zwei Gästehäuser); viele Freunde und Nachbarn kannten uns bereits seit Jahren und hatten offensichtlich nichts gegen uns einzuwenden. Ich selbst war ja offiziell Rentner in der Türkei und bezog einen wenn auch geringen Lira-Betrag als monatliche Rente; meine ganze Familie war über mich krankenversichert und unsere Tochter begann nun bald ihr letztes Studienjahr an der hiesigen Universität. Und dann fiel mir noch etwas ein: Vor vielen Jahren, ganz zu Beginn unserer Arbeit im Kultur- und Glaubenstourismus, war ich sowohl bei der hiesigen Stadtverwaltung wie auch wenig später der Provinzregierung (ähnlich einem Ministerpräsidentenamt) vorstellig geworden. Ich wollte damals, bevor ich größere Investitionen tätigte, einfach sichergehen, dass wir nicht irgendwann einmal wegen unserer Arbeit und unseres Bekenntnisses in Schwierigkeiten geraten würden. Am 31. Mai 2000 bekam ich dann diese amtliche Zusicherung:

Der Türkische Staat
Provinzregierung Muğla
Leitung der Tourismus-Abteilung der Provinz
Zeichen: B170/M/448-1073
Betr.: Glaubenstourismus
Betr.: Ihr Antrag vom 31.05.2000

Wir danken Ihnen für Ihre Arbeit im Rahmen des Glaubenstourismus und würden uns zudem über die in Ihrem Antrag genannten Investitionen freuen.

Wie man weiß, ist die Annäherung verschiedener Religionen und Glaubensrichtungen ein Faktor, der zwischen Menschen Freundschaft und Frieden in hohem Maße fördern wird.

In diesem Zusammenhang sind wir im Blick auf Ihre oben genannten Arbeiten gemäß der Trennung von Staat und Religion innerhalb des türkischen Grundgesetzes (Lebensrechte werden nicht nach Sprache, Religion und Abstammung unterschieden) bereit zur Hilfe im Blick auf jede Art von bürokratischen Arbeiten (Provinzregierung, Stadtregierung, Liegenschaftsamt, Katasteramt, Sicherheitspolizei und jede Art anderer Arbeiten), solange Sie sich im Rahmen der Gesetzgebung bewegen.

Mit dem Wunsch um eine gute weitere Zusammenarbeit verbleibe ich für den Gouverneur

Vor diesem Hintergrund kam ich zu dem Schluss, dass ich in dieser ganzen Sache kämpfen und mich für die Gerechtigkeit einsetzen wollte. Und das nicht nur für uns als Familie. Wie ich gehört hatte, waren seit Beginn des Jahres bereits ca. 30 Mitarbeiter christlicher Gemeinden aus der Türkei ausgewiesen worden. Tendenz steigend ... Mit all den menschlich gesehen guten Argumenten, die gerade wir in der Auseinandersetzung mit den Behörden in die Waagschale werfen konnten, wollte ich auch mit Blick auf meine Glaubensgeschwister diese Auseinandersetzung führen. Noch am gleichen Tag begann der Feldzug gegen die Behördenwillkür im leider immer mehr von Unrecht geprägten Staat. Dabei hielt ich mich unter anderem an folgendem Psalmwort fest: »... ich will Hilfe schaffen dem, der sich danach sehnt« (Psalm 12,6).

Nach dem Frühstück machte ich mich in Absprache mit Hanna von unserer Farm zu unserem Haus auf. Im oberen Stockwerk befindet sich mein Büro, und bevor es richtig heiß wurde, wollte ich einige Briefe formulieren. Da ich auf ein paar Vorlagen zurückgreifen konnte (schon zuvor hatte ich im Blick auf unsere Arbeitserlaubnis mit

Behörden in Ankara korrespondiert), kam ich recht zügig voran und versandte die Ergebnisse per Mail an die Büros des Innenministers, des Staatspräsidenten und des Leiters der Immigrationsbehörde in Ankara. Danach kamen das für uns als Familie zuständige Generalkonsulat in Izmir, die deutsche Botschaft in Ankara und das Auswärtige Amt in Berlin dran. Mir war es wichtig, die deutsche Regierung früh und im Detail einzubeziehen.

Einzig das Generalkonsulat antwortete zügig noch am gleichen Tag – die Antwort zeigte mir, dass die deutschen Behörden wohl schon über die Vorgänge in der Türkei im Bilde waren.

Sehr geehrter Herr Louven,

haben Sie vielen Dank für Ihre E-Mail und die Schilderung Ihrer Situation, die mir sehr leidtut.

Es ist dem Generalkonsulat Izmir bekannt, dass die türkischen Behörden seit Anfang 2019 vermehrt Aufenthaltserlaubnisse von nichttürkischen Vertretern christlicher Gemeinschaften annullieren. Häufig ist dies mit einem Registereintrag »N82« verbunden, der für eine (angebliche) »Gefährdung der nationalen Sicherheit und Ordnung« steht. Bisweilen, aber nicht in allen Fällen, erhalten Betroffene einen Bescheid, in dem als Begründung dieser Registereintrag aufgeführt ist.

In Izmir sind in den letzten Wochen auch zwei deutsche Pfarrer einer freikirchlichen Gemeinde von einem solchen faktischen Zwang zur Ausreise betroffen gewesen.

Ich hatte daher bereits Kontakt zu dem Generalsekretär der Allianz protestantischer Kirchen in der Türkei aufgenommen. Diesem waren entsprechende Fälle nicht neu. Er erläuterte, dass mehrere betroffene Personen Klage vor türkischen Gerichten erheben möchten, ohne dass dies seiner Einschätzung nach auf absehbare Zeit eine große Erfolgsaussicht hätte. Seine Allianz werde entsprechende Klagen aber (finanziell, durch Lobby-Arbeit usw.) unterstützen.

Die deutschen Auslandsvertretungen haben leider keine unmittelbare Möglichkeit, auf die Entscheidung türkischer Innenbehörden Einfluss zu nehmen.

Mit freundlichen Grüßen

Ich entschloss mich, nun auch der österreichischen Botschaft Mitteilung zu machen. Renate ist gebürtige Österreicherin und Hanna hat neben der deutschen ebenfalls die österreichische Staatsbürgerschaft. Beide waren unmittelbar mit betroffen. Die Botschaft antwortete ebenfalls zeitnah und bat um einige weitere Informationen. Später rief dann sogar ein Mitarbeiter bei Hanna an und fragte nach ihrem Ergehen. Er habe, sagte mir Hanna, zum Schluss des Gesprächs im Wiener Dialekt gesagt: »Aber bei uns ist es ja auch so schööön.« Überhaupt hatte ich in den folgenden Wochen immer wieder den Eindruck, dass die österreichischen Behörden (obwohl ja ich als Deutscher ausgewiesen werden sollte) mit uns irgendwie enger verbunden waren.

Doch ich wollte nicht nur Kontakt zu verschiedenen Behörden aufnehmen, sondern mich auch mittels Rechtsweg gegen die Ausweisung wehren. Ich hatte allerdings in meinem ganzen Leben noch nie einen Anwalt beauftragt, da es Gott sei Dank nie die Notwendigkeit dafür gegeben hatte. Was tun? Rechtsstreite und demzufolge auch Anwälte gab es in der Türkei zuhauf, aber welcher Anwalt wäre für einen solchen Fall der richtige? Auch da wies Gott uns den Weg! Über die Eltern eines Nachhilfeschülers hörte Hanna von Herrn Cüneyt (Cüneyt Bey), einem guten Anwalt in unserer Stadt. Und wirklich – dieser Mann erwies sich als der für uns und diesen Fall genau richtige!

Wie richtig Cüneyt Bey war, merkten wir nicht zuletzt durch den Vergleich mit einem anderen Anwalt, der mir durch einen Bekannten empfohlen worden war. Zu beiden ging ich am nächsten Tag zusammen mit einem unserer einheimischen Glaubensbrüder.

Besagter anderer Anwalt empfing uns erst nach längerer Wartezeit in seiner Kanzlei. Ich schilderte kurz das Vorgehen der Immigrationsbehörde. Auch mein Bekannter erzählte die Dinge aus seiner Sicht. Nach einigem weiteren Hin und Her ließ der Anwalt immer deutlicher durchblicken, dass er diesen Fall nicht übernehmen würde. Zunächst wich er noch aus, später erklärte er uns jedoch recht klar, dass ihm die Sache zu heiß sei. »Ich bekomme Probleme, werde sofort in meiner Tätigkeit untersucht«, meinte er schließlich unumwunden und uns wurde noch mehr die Gewichtigkeit, aber auch Notwendigkeit unseres Vorgehens deutlich.

Ganz anders Cüneyt Bey, den wir gleich anschließend in seiner Kanzlei aufsuchten. Er hörte uns geduldig zu und schien mit solcher Art Materie vertraut. Auch sagte er uns, dass er sich mit Menschenrechtsverletzungen vor Gericht beschäftige und einer entsprechenden Kommission der Provinzregierung angehöre. Er wollte sogar noch am gleichen Tag ein Gesuch an die Provinzregierung stellen. Zwar meinte er, dass ich mich vor Gericht auch selbst verteidigen könnte, war aber nicht wie sein Kollege zuvor generell ablehnend, unseren Fall zu übernehmen. Er bat mich, bis zum nächsten Tag einige Papiere zusammenzusuchen, die für unsere Verteidigung wichtig sein könnten. Dann verabschiedeten wir uns. Kurz vor Dienstschluss konnte ich das Gesuch abgeben – somit war also auch der Rechtsweg auf die Bahn gebracht. Allerdings wollten wir es dabei nicht belassen.

Es kamen uns und auch unseren Mitarbeitern noch andere Wege in den Sinn, wie wir auf die erfahrene Ungerechtigkeit aufmerksam machen konnten. Manches, wie zum Beispiel der Vorschlag einer öffentlichen Unterschriftenaktion in der Stadt, schien uns selbst anfangs etwas gewagt. Doch auch da sprach das Wort Gottes zu mir:

»Ich traue aber darauf, dass du so gnädig bist;/mein Herz freut sich, dass du so gerne hilfst. Ich will dem HERRN singen, dass er so wohl an mir tut« (Psalm 13,6).

Noch am gleichen Tag machte ich meine »Hausaufgaben« und suchte für Cüneyt Bey etliche Papiere und Dokumente zusammen. Da hatte sich manches in all den Jahren angesammelt, was unsere nicht nur ungefährliche, sondern segensreiche Identität in der Stadt belegen konnte...

Und was mir noch einfiel: In Muğla gab es eine in Marmor gefasste Statue, auf der eine Tafel mit den 1948 nach dem Zweiten Weltkrieg durch die UN erklärten Menschenrechten angebracht war, denen sich offensichtlich auch die Türkei verpflichtet fühlte. In diesem Land sollte also die Religionsfreiheit garantiert sein und Menschen aller Religionen sich frei bewegen können. So steht es jedenfalls öffentlich und für alle gut sichtbar deklariert bis heute im Zentrum der Stadt.

12

UND ER FÜHRTE MICH HINAUS INS WEITE ...

Als ich die Dokumente in der Kanzlei abgab – wieder in Begleitung des einheimischen Bekannten –, nahmen wir drei uns ausgiebig Zeit, um über das weitere Vorgehen zu sprechen. Cüneyt Bey wollte versuchen, noch bis Montag unsere Klage vor dem Verwaltungsgericht einzubringen. Er war nun gut in den Fall eingeweiht und sah die Ungerechtigkeiten in der so willkürlichen Vorgehensweise der türkischen Behörden. Er machte uns Mut, sodass wir recht gestärkt das Anwaltsgebäude verließen.

Auch Hanna war nicht untätig gewesen: Sie fuhr von sich aus mit dem Rad zur Provinzregierung und bat dort, Auskunft über unseren Fall zu erhalten. »Warum will man meinen Vater ausweisen?«, wollte sie wissen. Ihr Auftreten muss die andere Seite überzeugt haben, denn die betreffende Person rief tatsächlich bei der Immigrationsbehörde an und fragte nach. Sie schien auch eine Auskunft zu bekommen, lächelte Hanna aber nur an, nachdem sie aufgelegt hatte. Sie wisse nun, warum, sagte die Dame. »Aber ich kann dir den Grund nicht nennen.«

Dies also zu der früheren Aussage auf der Behörde, dass man den Grund nicht wisse ... Aber uns war ohnehin recht klar, worum es ging. Es war und ist unsere christliche Arbeit, die in der Türkei bis heute auf Widerstand stößt und mit immens großen Vorurteilen behaftet ist. Christen wie wir werden immer noch häufig als Spione gesehen und einheimische Konvertiten als Landesverräter. Dem etwas entgegenzusetzen, ist schwer, aber nicht unmöglich. Und so machten wir uns daran, weitere Ideen in die Tat umzusetzen, um auf die Ungerechtigkeit aufmerksam zu machen.

Bei all dem war es mir von Anfang an sehr wichtig, unsere betenden Freunde mit einzubeziehen. Die Geschwister vor Ort waren ohnehin schon informiert und traten in der unsichtbaren Wirklichkeit für uns ein. Daneben hatte sich während der vielen Jahre unserer Arbeit ein starker Fürbittekreis mit Betern in Deutschland und Österreich, der Schweiz, England und manch anderen Ländern der Erde gebildet.

Über diese Gebetskraft im Hintergrund war ich schon zu Beginn unseres Einsatzes in der Türkei unendlich froh. Wie sonst hätten wir damals als junge Familie mit erst einjährigem, kleinem Kind in einem 30 Jahre alten Wohnmobil über die Alpen zu einem anderen Kontinent und Leben aufbrechen können? Ja, Gebet tat jetzt not, und ich informierte in diesen so bewegten Tagen gerne und immer wieder unsere Freunde über die Ereignisse und den jeweiligen Stand der Dinge.

In den Sinn kamen mir dabei auch immer wieder Aussagen des britischen Missionars Jim Fraser, der unter den Lisu in China gearbeitet und klar die Bedeutung der Geschwister in der Heimat benannt hatte, die ihm damals den Rücken stärkten und für ihn beteten. Ihm waren die betenden Freunde ein Kapital, auf das er um nichts in der Welt verzichten wollte:

> Noch immer begehre ich die konkrete Fürbitte glaubender Menschen weit mehr als alle Schätze der Erde. Es mögen wenige sein, manche wirken vielleicht unscheinbar, andere sind alt und verbraucht. Aber ich wünsche mir unter dieser Schar jene betagten Männer und Frauen, die wissen, was es heißt, aufgrund von Gottes Zusage teilzunehmen an seiner Macht und etwas auszurichten durch Gebet. Immer mehr erkenne ich, dass es die Gebete der Kinder Gottes sind, die den Boden für seinen Segen bereiten, in welcher Arbeit

sie auch stehen mögen. Wachstum ist Frucht glaubenden Gebets. Erst Gottes Tag wird offenbaren, wie viel durch das Gebet seiner Kinder geschah. Bleibende Missionsarbeit wird durch betende Menschen ausgerichtet.[1]

Und dass im Hintergrund gebetet wurde, durfte ich merken. Mich erreichten in diesen Tagen großer Anspannung viele E-Mails und andere Nachrichten, die mir zeigten, wie sehr Christen in ganz verschiedenen Teilen der Welt mit uns verbunden waren. Spätestens in solchen Situationen wird einem der Wert solcher Beziehungen bewusst!

Inzwischen hatte das Wochenende begonnen. Eine junge Frau aus unserer kleinen Gemeinde vor Ort äußerte den Gedanken, dass wir eine Unterschriftenaktion für meinen Verbleib im Land beginnen könnten. Zunächst tat ich diesen Gedanken ab. Zwar hatten wir sehr viele Freunde und Bekannte in der Stadt und Provinz; aber dass wir nun mit Listen durch die Stadt gehen und Unterschriften sammeln sollten, kam mir doch eher merkwürdig vor.

Dann aber kam uns ein anderer Gedanke: Wir könnten das Anliegen via Handy und anderer digitaler Kanäle bekannt machen und auf diese Weise Unterschriften zur Unterstützung unseres Widerspruchs sammeln. Besonders ein einheimischer Bruder kannte sich gut aus und half uns dabei; er stellte letztlich einen die Sachlage erklärenden Text und ein gutes Familienfoto auf die für ihre unterschiedlichen Petitionen bekannte »Change.org«-Internetseite.

Hanna und ich diskutierten dann am Samstag auf der Farm den zusätzlichen Gedanken, diese Petition mit einem Video zu verbinden, das unser Leben in der Stadt und hier im Dorf, unsere Arbeit und Integration in das türkische Umfeld gut illustrieren könnte.

---

[1] Jim Fraser in: Johanna Lorch, Betern öffnet sich die Tür, Brunnen Verlag 1991.

Naheliegend war in diesem Zusammenhang etwas, was ich wie so manch anderes in diesen so besonderen Tagen nur als eine gute Führung Gottes bezeichnen kann: Erst vor wenigen Wochen hatte uns ein türkischer Regisseur in Muğla besucht. Er war extra aus Adana angereist, einer Stadt in der östlichen Landeshälfte, fast an der syrischen Grenze gelegen. Wir hatten Mahmut über einen Mitarbeiter kennengelernt. Bereits einige Male hatten wir mit ihm über unser nicht ganz alltägliches Leben als Familie in der Türkei gesprochen, und Mahmut konnte sich vorstellen, daraus einen Kinofilm sowohl für ein türkisches als auch europäisches Publikum zu produzieren. Bei seinem Besuch war er ganz begeistert von unserem Umfeld und unserer Stadt. Besonders die Altstadt von Muğla fand er für einen solchen Film als Kulisse sehr geeignet. Gemeinsam schauten wir alte Fotos an, erzählten ihm unsere Geschichte und tauschten uns über die Möglichkeiten für einen solchen Film aus. Eine europäische Familie, die als »Gastarbeiter« in ein typisches Herkunftsland zieht und sich dort in die so andere Gesellschaft integriert und einbringt, sollte das Grundthema und der Leitfaden sein. Während seines Besuchs machten wir sogar schon einige kleine Aufnahmen in der Stadt, auf unserer Farm und im zugehörigen Dorf. Sogar mit dem Dorfvorsteher, dem »Muhtar«, sprachen wir über das Vorhaben und er schien recht erfreut, würde der Film ja auch »sein« Dorf in ein gutes Licht rücken und bekannt machen.

Eben an diesen Mahmut dachte ich, als Hanna und ich über die Kombination von Petition und Video sprachen. Ich rief ihn an, erklärte ihm die Sachlage und fragte ihn kurzerhand, ob er kommen könne. Er versprach, dies mit seinen Mitarbeitern zu klären und die Kosten zu kalkulieren. Noch am gleichen Tag gab er mir grünes Licht und gemeinsam gingen wir die Vorbereitungen an.

Die Sache mit unserer Ausweisung begann also größere Kreise zu ziehen. Es ging hinaus »ins Weite« (Psalm 18,20).

Der Autor Hans-Jürgen Louven

AUFBRUCH GEN OSTEN

Hanna – Welcome to Turkey!

Ausgerüstet, auf dem Weg Richtung Orient

ERSTE EINDRÜCKE

Altstadt-Flair in Muğla

Ein Blick auf unsere Stadt

Im Zentrum Muğlas

ALS FAMILIE VOR ORT

Familie Louven

Zum Tanz auf einer türkischen Hochzeit

Unterwegs im Land

BEGEGNUNGEN

Renate mit einer einheimischen »Teyze« (türk. Tante/ältere Frau)

Begegnungen vor Ort

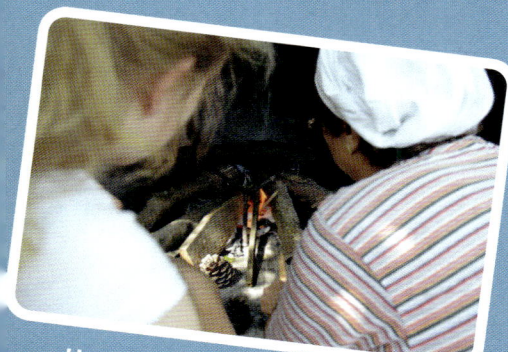

Hanna lernt aus erster Hand

TOURISMUS MIT FLAIR

»Mavi Konak« – die blaue Residenz

Gastfreundschaft auf der Farm

Idylle am Meer

UNTERWEGS

... im Orient

Auch mal auf drei Rädern ...

Oder auch nur auf zwei ...

DORFLEBEN – UND WIR MITTENDRIN

Aussicht auf unser Dorf

Eine Dorfgasse

Kulturen treffen aufeinander

CHRISTUS IM ORIENT

Mit dem Evangelium in die Berge

Unsere kleine christliche Gemeinde

Gottes internationale, bunte Gemeinde

In Christus vereint

13

WIR GEHEN
AN DIE ÖFFENTLICHKEIT

Bevor Mahmut am nächsten Dienstag mit einem kleinen Team und dem nötigen Equipment den langen Weg von Adana zu uns antreten würde, mussten wir jedoch noch einige andere Dinge auf den Weg bringen. Cüneyt Bey, unser Anwalt, hatte inzwischen unsere Klageschrift formuliert und ich sollte sie durchgehen und wo nötig korrigieren. Auch wenn ich mich nicht auskannte, merkte ich doch recht bald, dass er seine Sache wirklich gut gemacht hatte. Prägnant und die wesentlichen Punkte gut erfassend, hatte Cüneyt Bey die Sachlage auf ca. drei Seiten gut zu Papier gebracht. Die Klageschrift war an das erste Verwaltungsgericht unserer Stadt gerichtet. Klagen würden wir gegen die Immigrationsbehörde, also das Innenministerium des Landes, und damit letztlich gegen den türkischen Staat… Da sollte man schon wissen, was man tut. Ich fand nur ganz wenige und kleinere Punkte zur Korrektur, teilte diese dem Anwalt mit und das Schreiben ging digital an besagtes Gericht. Ein wichtiger Schritt war getan.

Diese Vorgänge teilte ich dem inzwischen sogar noch gewachsenen Kreis der betenden Freunde mit, die wiederum ihre Netzwerke informierten. Ich hörte später, dass mir gänzlich unbekannte Geschwister in Amerika, England, Nordirland und sicher noch anderen Ländern in unseren ständig wachsenden Kreis der Fürbitter einbezogen waren.

Eine sichere Folge des Gebets war für mich der Friede, in dem ich mich bewegen konnte. Das, was der Apostel Paulus (damals im

Gefängnis) verheißen hatte, durfte ich trotz hoher Anspannung erleben: »Und der Friede Gottes, der höher ist als alle Vernunft, wird eure Herzen und Sinne in Christus Jesus bewahren« (Philipper 4,7). Weiterhin erreichten mich viele ermutigende Zuschriften von alten und auch neuen Freunden, ebenfalls aus aller Welt. Vereinzelt waren aber auch kritische Stimmen darunter. Jemand meinte zum Beispiel, dass ich doch besser meine Sachen packen und mir ein neues Aufgabengebiet suchen solle, anstatt mich mit dem Alten und der erfahrenen Ungerechtigkeit durch die türkischen Behörden zu beschäftigen. Ich antwortete nach einigem Überlegen, dass ich mich eher geführt sähe, gegen diese Ungerechtigkeit aufzustehen. Wenn sie die Grundfesten umreißen, was soll dann der Gerechte ausrichten?, hatte König David ja in Psalm 11 gefragt. Ich hatte diese Stelle früher oft so verstanden, dass man letztlich ohnehin nichts gegen ungerechte gesellschaftliche Entwicklungen tun könne. Inzwischen dachte ich nicht mehr so. Gott, der in den nachfolgenden Versen als Herrscher beschrieben wird, gibt uns Möglichkeiten, bösen Entwicklungen entgegenzustehen. Und sicher liegt darin auch eine der Aufgaben der Gemeinde. Im Vers zuvor wird zudem darauf hingewiesen, dass die Gottlosen »heimlich« auf die Aufrichtigen schießen. Viel Ungutes in der Gesellschaft, auch in unseren westlichen Ländern, geschieht zunächst im Verborgenen. Man denke nur an die Entwicklungen jüngster Zeit betreffend der Genderideologie. Oder die Versuche, Abtreibungen weiter zu legalisieren. Gegen solche gottlosen Entwicklungen aufzustehen, ist manchmal nicht einfach und ruft zum Teil heftigen Widerstand hervor. Doch wer sollte sonst seine Stimme erheben, wenn nicht die, die ihre Wahrnehmung von Gottes Wort und Geist formen lassen?

Mehr noch als wahrscheinlich die anderen ausgewiesenen Mitarbeiter hatten wir sehr gute Argumente, um gegen die Willkür der Behörden aufzustehen. Es ging mir wirklich nicht nur um unser

Schicksal als Familie. Ich wollte mich auch für die anderen Ausgewiesenen einsetzen.

Hinzu kam, dass ich auch für die ohnehin wenigen und oft in der Gesellschaft gering geachteten einheimischen Christen eine Ermutigung oder zumindest keine Entmutigung sein wollte. Was sollten sie denken, wenn wir Ausländer, die ja von unseren Herkunftsstaaten zumindest ansatzweise unterstützt wurden, bei den ersten Zeichen der Verfolgung einfach und ohne Widerspruch unsere Sachen packten und gingen? Und: Kam ich nicht aus dem Land eines Dr. Martin Luther, Dietrich Bonhoeffer, Sophie Scholl und anderer, die sich für das Evangelium und die Gerechtigkeit eingesetzt hatten, manche sogar für den Preis des eigenen Lebens? Diese Gedanken bewegten mich und ich wollte an dem bereits eingeschlagenen Weg festhalten.

Auf der anderen Seite wollte ich aber auch für Korrektur offen sein. Deshalb teilte ich einigen engeren Freunden ohne jede Namensnennung die kritischen Stimmen mit und bat um Stellungnahme. Im Wesentlichen bestätigten sie meine Sicht der Dinge, manche meinten, ich solle nur darauf achtgeben, die lokale Gemeinde nicht zu gefährden. Das lag mir aber ohnehin fern, vielmehr wollte ich die Christen vor Ort ja durch mein Verhalten ermutigen.

Hanna würde am Montagmorgen recht früh Richtung Istanbul aufbrechen – wohl auch eine gute Führung Gottes in dieser Zeit. Dort sollte das diesjährige Treffen junger Christen aus dem ganzen Land stattfinden – eine sehr gute Möglichkeit zum Networking und ein passender Rahmen, um die inzwischen in sozialen Netzwerken kursierende Unterschriftenaktion weiter zu verbreiten. All diese jungen Menschen hatten ihre Familien, Heimatgemeinden und zum Teil recht große Freundeskreise. Noch war ja das Video nicht gedreht, aber auch auf dieses würde Hanna in Istanbul hinweisen können, dachten wir. Von daher eine recht gute Plattform.

Hanna begann, ihre Tasche zu packen und sich auf den Flug und die Großstadt vorzubereiten. Was mir den Abschied von unserer inzwischen erwachsenen Tochter extrem schwermachte, war die Tatsache, dass zum Zeitpunkt ihrer Rückkehr meine Zehn-Tages-Frist bereits abgelaufen sein würde. Wie und wo wir uns wohl wiedersehen würden?

Einige Tage später packte ich dann auch für mich eine Tasche: einen Schlafanzug, Unterwäsche und ein T-Shirt zum Wechseln, einen Waschbeutel. Wenn sie mich denn holen sollten, wollte ich wenigstens vorbereitet und ausgerüstet sein...

Aber jetzt sollte ja zunächst der Regisseur Mahmut mit seinem Team kommen. Sogar seine Frau wollte dabei sein. Ich hatte ihm nämlich am Telefon gesagt, dass ich ohne Renate kein so guter Gastgeber sei, zumindest was das Kulinarische betraf.

Für die kleine Gruppe aus Adana war es mit dem Auto ein sehr langer Weg. Sie brauchten tatsächlich einen ganzen Tag, bevor sie dann glücklich und müde durch die große Holztür auf unsere Farm kamen. Nach einem gemeinsamen Abendessen und dem Auspacken der mitgebrachten Taschen und Utensilien sprachen wir am Abend noch kurz über die gemeinsame Zeit und wie wir das Video angehen würden. Es sollte wirklich gut und qualitativ hochwertig werden; in mehreren Sprachen wollten wir in unterschiedlichen Längen verschiedene Sequenzen drehen und später im Studio nachbearbeiten.

Nachdem mein Besuch zeitig zu Bett gegangen war, ging es am nächsten Morgen nach einem guten Frühstück an die Arbeit. In der Folge wurde zunächst auf Türkisch, dann auch auf Deutsch und Englisch eine Art Ansprache in Szene gesetzt, in der ich zu unserem bisherigen Leben in der Region und den jüngsten Ereignissen Stellung bezog. Zum Abschluss nahm ich dann jeweils das Dokument zur Hand, das ich vor ca. einer Woche auf der Immigrationsbehörde erhalten hatte, und deutete auf das Kreuz, das besagte, dass ich mit

»anderen Gründen« aus dem Land gewiesen werden sollte. In den letzten Sekunden dieser Passage wurde mein Grabstein eingeblendet, den ich mir (auch das eine interessante Wegweisung …) erst vor einigen Monaten hatte machen lassen. Wir lebten ja in einem ausgesprochenen Marmor-Abbaugebiet und mit umgerechnet nur ca. 25 Euro Produktionskosten hatte ich mir selbst einen markanten Hinweis auf die Endlichkeit des Lebens zunächst vor das Haus gelegt, später sollte er auf mein Grab kommen.

Im fertigen Film wurde diese Ansprache dann noch mit verschiedenen Szenen untermalt – unserem Leben in der Stadt und im Dorfkontext, unserem Miteinander mit Einheimischen, unterwegs mit unserem Oldie-Mobil, bei der Arbeit auf der Farm etc.[2]

Es war eine gute Zeit mit der Filmcrew und wir lernten uns durch die gemeinsame Arbeit auch besser kennen. Mahmut, der Regisseur, war ganz in seinem Element und denkt seither umso intensiver über den angedachten Spielfilm nach. Inzwischen stehen wir in Kontakt zu zwei weiteren Regisseuren in Deutschland und Österreich und ziehen Erkundigungen bezüglich Filmförderung ein.

Nach vorläufigem Abschluss der Arbeiten machten die Freunde sich wieder auf den langen Weg zurück an die Mittelmeerküste nach Adana. Ich war nun erneut mit den Hühnern allein. Von Renate hörte ich, dass ihre Mutter ins Krankenhaus eingeliefert worden war und sie nun versuchte, ihr dort Beistand zu leisten. Meine Schwiegermutter hatte zu Renate gesagt: »Danke für alles.« Es war also wohl richtig, dass Renate gerade in Österreich war. Die gepackte Tasche stand auf der Bank vor dem Haus und die mir gesetzte Frist war kurz vor dem Ablaufen. Vom Gericht war bislang nur die Nachricht gekommen, dass der Fall aufgenommen war. Mahmut und Team

---

2   Das fertige Video ist hier zu sehen: https://youtu.be/cMHoww-n2Pg (letzter Aufruf 22.02.2020).

hatten mir vor ihrer Abreise versprochen, dass sie zügig am Schnitt, der Vertonung und der letzten Zusammenstellung der Filmsequenzen arbeiten wollten. Wenige Tage später konnten wir die auch ohne Video bereits gut laufende Petition mit dem fertigen Film verbinden. Die kurze, aber markante Produktion war wirklich gut geworden und fand schnelle Verbreitung über die Change-Webseite und verschiedene soziale Netzwerke. Die Zahl der Unterschriften lag inzwischen im höheren dreistelligen Bereich, was angesichts der Brisanz der enthaltenen Themen (zum Beispiel Verletzung der Menschenrechte) in einem Land wie der Türkei überhaupt nicht selbstverständlich war. Nicht nur christliche Freunde unterstützten uns. Auch unsere Nachbarn und Bekannten und nicht zuletzt die Mitglieder des Oldtimer-Klubs der Stadt, zu dem auch wir mit unserem Wohnmobil gehörten, verbreiteten die Petition weiter. So half also selbst unser altes, deutsches Mobil bei der Verbreitung der Nachrichten ...

Etwas, was mir in diesen Tagen allein auf der Farm half, war der Austausch mit anderen Pastoren und Mitarbeitern christlicher Werke, die bereits zuvor von den türkischen Behörden ausgewiesen worden waren. Und das waren ja wie bereits erwähnt nicht wenige. Zwei andere deutsche Familien waren auch darunter. Sie hatten ebenfalls ein Gerichtsverfahren eröffnet.

Anders als bei mir waren jedoch beide Familienväter nach einem Auslandsaufenthalt nicht mehr ins Land gelassen worden. Da ihre Frauen und zum Teil auch Kinder jedoch noch im Land waren, standen sie einer zusätzlichen Herausforderung gegenüber. Man stelle sich dieses Szenario einmal vor: Man fliegt zu einem kurzen Auslandsaufenthalt aus dem Land und kann dann nicht mehr einreisen; steht sozusagen »draußen vor der Tür«. Drinnen befindet sich der gesamte Lebensmittelpunkt inklusive Familie. Was tun? Auch mit einigen Christen aus anderen Nationen hatte ich Kontakt. Und so wie vom Konsulat bereits formuliert, handelte es sich bei all den in diesem Zusammenhang Ausgewiesenen ausnahmslos um Mitarbeiter christlicher Gemeinden im Land.

Ein Kontakt gab mir dabei besonders zu denken: Ein amerikanischer Bruder rief mich an, der wie auch wir bereits seit langer Zeit im Tourismus arbeitete und im Norden des Landes christliche Gästehäuser führte. Durch eine lokale Zeitung auf ihn aufmerksam geworden, sahen sich die Behörden, warum auch immer, veranlasst, ihm sowohl die Aufenthalts- wie auch die Arbeitserlaubnis zu entziehen. Über zehn Jahre stritt er danach in verschiedenen Instanzen vor Gericht mit dem türkischen Staat. Letztlich bekam er vor dem höchsten Gericht der Türkei Recht, musste aber bis dahin alle drei Monate für eine längere Periode ins Ausland reisen, um danach wieder als Tourist einreisen zu können. Nun hatte er den türkischen Staat auf Schadenersatz für all die Jahre verklagt und erwartete auch hier vor Gericht eine Entscheidung zu seinen Gunsten. »Das mögen die Behörden gar nicht«, verriet er mir im Gespräch. Ja, all die Flugreisen und sonstigen Kosten (er musste sich ja über all die Jahre als Direktor der Tourismusgesellschaft vertreten lassen) würden den Staat wohl etwas kosten. Jedenfalls wenn es mit rechten Dingen zuging.

Hin und wieder kam Besuch auf die Farm. Unter anderem stand plötzlich ein älterer Schlosser vor der Tür, der vor vielen Jahren in unserem Gästehaus und auf der Farm einige Arbeiten erledigt hatte. Ali Usta hatte von den Ereignissen gehört, aber offensichtlich nicht ganz verstanden, was genau los war. Wir saßen dann für eine Weile am Tisch zusammen und ich versuchte, es ihm zu erklären.

Es erreichten mich überhaupt regelmäßig Anrufe mit Fragen von einheimischen Freunden. Etliche erklärten sehr offen ihr Unverständnis (es war und ist ja auch schwer zu verstehen) für das Vorgehen der türkischen Regierung. Sie sprachen auch deswegen von »Regierung«, weil uns allen meist sehr bewusst war, dass unsere Schwierigkeiten eigentlich nicht hier vor Ort in unserer Stadt oder

Provinz lagen. »Ja, diese Regierung macht so etwas«, sagte zum Beispiel mein Optiker, als er mir die neuen Brillengläser in alter Fassung übergab und das kurze Video auf meinem Handy gesehen hatte. Zu jener Zeit befanden sich ja auch viele Türken wegen diverser politisch motivierter Anschuldigungen in Gefängnissen. Und man hörte, dass immer noch neue Gefängnisse gebaut wurden... Bis heute merke ich, dass ich mit vielen Menschen in unserer Stadt durchaus auf einer Linie bin, wenn ich von unseren Schwierigkeiten spreche.

Indes verstrich die Zeit und damit auch die mir gestellte Frist. Ein weiteres Wochenende stand bevor – spätestens am Montag würden die Behörden mich holen können. Dabei würden sie sicher zunächst unser Haus ansteuern, aber auch unsere Farm war ihnen vermutlich bekannt. Innerlich bereitete ich mich auf diese Möglichkeit vor, hoffte aber trotzdem noch auf die Aussetzung durch das lokale Gericht. »Jeder einigermaßen mitfühlende Richter müsste sie eigentlich veranlassen«, hatte mir Cüneyt Bey gesagt. Mitgefühl ist allerdings das eine, eventuelle staatliche Vorgaben das andere... Ich musste einfach abwarten.

Am Sonntag fuhr ich in der Früh zur Versammlung unserer kleinen christlichen Gemeinde. Auch heute war es ermutigend, mit den einheimischen und ausländischen Geschwistern zusammen Gott zu loben, auf sein Wort zu hören, ihm im Gebet zu begegnen. Wie auch sonst gab es danach noch ein gemeinsames Essen. Zurück auf der Farm schrieb ich dann unseren betenden Freunden ein Update. Wie froh war ich für diese Gebetsunterstützung! Der Betreff lautete: »Ab morgen...«:

... könnten sie kommen.
Liebe Freunde,
seit Bekanntmachung meiner Ausweisung durch die hiesige Immigrationsbehörde sind nun zehn Tage verstrichen und damit könnte das

eintreten, was man mir dort in Aussicht gestellt hat: eine Zwangsdeportierung. Daran ändert wohl auch das ja nun schwebende Gerichtsverfahren nicht unbedingt etwas. Gestern bekam ich ein Schreiben von der hiesigen Provinzregierung im Blick auf unser Gesuch bezgl. Menschenrechtsverletzungen. Es ist sehr vage gehalten und nennt verschiedene mögliche Gründe für die Nichterteilung einer Aufenthaltserlaubnis. Nichts von dem trifft auf uns zu, es sei denn, dass die Verbreitung des Evangeliums die öffentliche Ordnung oder Sicherheit der Türkei gefährdet…

Da also die Behörden eigentlich keine rechtliche Handhabe haben, um gegen uns vorzugehen, werden sie vielleicht in der nächsten Zeit vermehrt danach suchen. Mögen sie so wie in Daniel 6,6 nichts finden außer unserer Treue gegenüber Gott und möge das Ganze hier zum Zeugnis werden für unseren Vater im Himmel!

Die Unterschriftenaktion steht derzeit bei 875 Unterschriften… Manche der einheimischen Christen sind ermutigt durch unser Aufstehen gegen die Ungerechtigkeit.

Das Auswärtige Amt Deutschlands hat mir geschrieben, dass sie sich der Sache annehmen wollen, es wird allerdings etwas dauern. Zurzeit überlegt man dort wohl, was man genau tun kann. Ein Schreiben aus dem Generalkonsulat füge ich euch unten in Kopie an – es ist also nicht nur unser Problem mit der Glaubensfreiheit hier im Land…

Renate ist weiter in Österreich; ihre Mutter wird im Krankenhaus behandelt. Hanna erwarte ich in einigen Tagen zurück aus Istanbul; hoffe, dann noch hier zu sein.

Ich selbst bin weiterhin gestärkt und meist im inneren Frieden, DANKE immer wieder für eure Gebete!

Soweit für heute, liebe Grüße an euch alle aus der Ferne. Gott segne euch für eure Anteilnahme und gebrauche euch in eurem eigenen Umfeld!

In den nächsten Tagen erwartete ich Hanna zurück. Ich freute mich, war aber verhalten. Denn: Ab morgen könnten sie kommen…

14

SIE KAMEN HEUTE MORGEN

Noch immer stieg die Zahl der Unterschriften auf change.org täglich. Wir hatten inzwischen den Status einer »beliebten Petition« bekommen. Wer wohl inzwischen alles darauf aufmerksam geworden war? Mich rief unter anderem ein anderer Anwalt aus einer größeren Stadt an, der sich auch dafür interessierte, meinen Fall zu übernehmen. Auf jeden Fall bekamen wir immer wieder die Möglichkeit, an die Öffentlichkeit zu gehen. Hanna berichtete mir, dass auch von ihr bei dem Treffen in Istanbul Aufnahmen gemacht worden seien. Ein Kameramann von einem christlichen Fernsehsender in der Türkei (ja, auch das gibt es im Land), der vor Ort gewesen war, hatte in guter Qualität einige Szenen gedreht. Einige wurden dann später in unser Video eingebaut. Auch hatte Hanna die Gelegenheit, vor allen Teilnehmern die Ereignisse in Muğla zu schildern und auf die Petition hinzuweisen. Mittlerweile war es Mittwoch geworden. Die Behörden hätten mich seit Montag holen können, hatten es bisher aber nicht getan. Hanna würde in wenigen Stunden zurückkommen. Weiterhin stand meine gepackte Tasche auf der Bank...

Unseren betenden Freunden schrieb ich nochmals ein Update, es war ja eine ganz wichtige Zeit:

Liebe Freunde,
ja, ich bin noch da.
Heute soll auch Hanna zurückkehren. Inzwischen haben um die eintausend Menschen die Petition unterzeichnet; seit gestern ist diese nun auch verbunden mit dem kurzen Video unseres Lebens hier in der Stadt. Warum man mich noch nicht deportiert hat, weiß ich nicht; eure

Gebete werden mit Sicherheit dazu beigetragen haben. Die Petition wird auch wahrgenommen – und wie gesagt: Tausend Unterschriften für eine Sache, die Menschenrechte betrifft, heißt hier im Land schon etwas.

Ein sehr interessantes Gespräch hatte ich mit einer englischen, älteren Bekannten, die mit ihrem Mann zusammen (beide schon weit über 60) ebenfalls hier in der Türkei ein Haus hat und eine evangelikale Gemeinde besucht. Sie wurde wohl in einen ähnlichen Topf wie wir geworfen und streitet jetzt bereits über Monate mit den Behörden über ihr Aufenthaltsrecht. Was mich freut, ist, dass sie wohl einen verständigen Richter gefunden hat. Der hat nicht nur ihre Deportation außer Kraft gesetzt, sondern ihr auch Personenschutz verordnet, damit die von der Immigrationsbehörde (dem Innenministerium unterstellt) nicht doch hingehen und sie aus dem Land schaffen oder gar inhaftieren... Noch Fragen?

Gestern Morgen traf ich den Rechtsanwalt. Ich mag ihn, er setzt sich auch sonst für Menschenrechte ein – was hier Mut braucht. Er hat mit dem Vorsitzenden des Gerichts in der Stadt gesprochen und auf die Dringlichkeit meiner Sache hingewiesen. Letzte Woche hatte das Gericht noch Ferien und mein Fall wurde deshalb noch nicht angeschaut...

Ein wichtiges Gebetsanliegen ist nun, dass unsere Klage vor dem Verwaltungsgericht bald bearbeitet wird; ich ebenfalls so einen verständigen und mutigen Richter bekomme, der die Deportation aussetzt und sich auch danach für uns einsetzt.

Ich bin überzeugt: Wenn wir im Land bleiben, können wir hier ein umso größeres Zeugnis für die Menschen sein. So viele der einheimischen Freunde und Bekannten stehen hier für uns ein, eine ältere Frau wollte sogar für uns auf die Barrikaden gehen. Auch für die einheimischen und verbliebenen ausländischen Geschwister (ungefähr 50 sind bereits außer Landes, heißt es) kann dies eine große Ermutigung werden!

Danke für all euer Mittragen und die Gebete!

Es war ein ganz besonderer Moment, als Hanna und ich uns wieder in den Armen hielten. In einer solchen Zeit weiß man Familienbande zu schätzen ... Ich war nicht mehr allein auf der großen Farm und unser Mädchen hatte einiges aus der 15-Millionen-Metropole zu berichten. Am nächsten Tag, einem Donnerstag, hatten wir beide neben einigen Erledigungen, Anrufen und praktischer Arbeit immer wieder Gelegenheit, uns auszutauschen. Ich schlug vor, es am Freitag etwas ruhiger angehen zu lassen. Doch wie auch sonst vieles in diesen bewegten Wochen sollte es ganz anders kommen, als gedacht ...

Am Morgen hatte ich in meiner Stillen Zeit den starken Eindruck, dass ich doch noch ein Schreiben an die lokale Immigrationsbehörde richten und es bei der Provinzregierung abgeben sollte. Ich wollte ganz einfach unsere besondere Situation schildern und die Behörde bitten, mich doch wenigstens so lange im Land zu lassen, bis Hanna im nächsten Jahr ihr Studium abgeschlossen hatte.

Da wir nun schon ungefähr zwanzig Jahre lang eine Aufenthaltserlaubnis erhalten hatten, sollte das ja keine Unmöglichkeit darstellen! Beim Frühstück erklärte ich Hanna, dass ich noch schnell etwas in der Stadt erledigen wolle, und bat sie, das Abräumen zu übernehmen. Bald machte ich mich mit dem Mountainbike über das Feld auf in Richtung der nahe gelegenen Moschee und dann auf die durch das Dorf führende Hauptstraße. Kurze Zeit später schon kam mir auf dieser Straße ein Polizeiauto entgegen. Das war an sich nicht ungewöhnlich, da hinter unserem Dorf ein großes Gefängnis liegt und Polizei oder Militärpolizei öfter dorthin unterwegs sind. Als ich in Höhe des mir entgegenkommenden Fahrzeugs war, konnte ich die beiden Polizisten sogar im Auto erkennen. Sie unterhielten sich gerade miteinander und sahen mich gar nicht.

Ich setzte meine Fahrt über die große Verbindungsstraße zwischen Dorf und Stadtgebiet fort und nach dem lang gezogenen Anstieg kam ich auch schon an den Abzweig zu unserer Siedlung.

Ich wollte das besagte Schreiben in Ruhe an meinem Schreibtisch in unserem Haus formulieren. Bevor ich mich allerdings über die Treppe nach oben begeben konnte, klingelte mein Handy. Das Display zeigte Hanna an.

»Hallo Hanna«, sagte ich nichts ahnend. »Was gibt's?«

»Die Polizei ist da«, antwortete sie und ihre Aufregung schwang mit in diesen wenigen Worten.

»Nein«, konnte ich nur entgegnen. Das entsprach ja nun auch wirklich nicht meinem Wunsch.

Hanna sprach kurz mit einem der Polizisten. Dann meinte sie: »Rede du doch selbst mit ihm.«

Das tat ich.

»Wo sind Sie gerade?«, fragte mich der Mann am anderen Ende nach einer kurzen Einleitung.

Ich sagte, dass ich mit dem Rad auf dem Weg in die Stadt sei. Der Polizist schien kurz zu überlegen und fragte dann, ob ich die örtliche Polizeistation kennen würde. Ich bejahte das.

»Kommen Sie doch bitte dorthin«, bat mein Gegenüber.

»Ja, das mache ich«, sagte ich und fragte noch nach seinem Namen. So verblieben wir und ich beendete das Gespräch.

Nicht wenig geschockt stand ich am Fenster unseres langjährigen Wohnzimmers und betete innerlich. Dabei fiel mein Blick nochmals auf das Display. Es zeigte zwei SMS von Hanna an. Sie hatte also schon vor ihrem Anruf versucht, mich zu erreichen. »Sie sind da«, hieß es in der ersten SMS. Die zweite fügte hinzu: »die Polizei«.

Als ich von meinem Handy aufblickte, kam mir ein, wie sich nachher herausstellte, guter Gedanke: Ich wollte Cüneyt Bey anrufen und ihn bitten, für mich zur Polizeiwache zu gehen. Zum Glück erreichte ich den Anwalt sofort. Kurz erklärte ich die Situation (»Sie sind gekommen«) und bat ihn um seine Hilfe. Obwohl schon auf halbem Weg zum Gericht erklärte mein Anwalt sich bereit und ging geradewegs zurück zum Stadtzentrum. Später hörte ich von ihm, dass der Polizei dies gar nicht gefallen habe. »Wir wollen ihn selbst«, sollen sie gesagt haben, obwohl Cüneyt Bey sich sehr deutlich als mein Anwalt zu erkennen gab.

Währenddessen setzte ich zu Hause den geplanten Brief auf und machte mich alsbald auf den Weg zur Provinzregierung. Als ich das Dokument dort zur Weitergabe an die Immigrationsbehörde abgegeben hatte, klingelte noch auf dem Flur zweimal mein Handy. Beide Anrufe nahm ich entgegen. Zunächst erschien die 0049 im Display, also eine deutsche Nummer. Eine Glaubensschwester aus Süddeutschland erklärte mir, dass sie als Familie dort eine Einliegerwohnung hätten und sie uns dort für unbegrenzte Zeit aufnehmen könnten. Kurz erklärte ich ihr die aktuelle Situation und bat sie inständig, mit ihrem Mann zusammen zu beten. Der zweite Anruf kam von Cüneyt Bey: Er fragte mich sehr kurz, wo ich sei.

»In der Provinzregierung«, antwortete ich wahrheitsgemäß. Am anderen Ende herrschte erst mal Stille; schließlich schlug er ein sofortiges Treffen bei einem gemeinsamen Bekannten in dessen Café vor. Irgendetwas schien Cüneyt Bey sehr wichtig zu sein. Als ich dort ankam, saß mein Anwalt bereits mit dem Cafébesitzer im hinteren Eingangsbereich und erwartete mich. Ohne lange Umschweife sagte Cüneyt Bey unverblümt: »Du bist auf der Flucht und wirst gesucht.«

15

ABGETAUCHT

Cüneyt Bey erklärte mir im Beisein des Cafébesitzers, dass ich jetzt eigentlich nur noch zwei Möglichkeiten hätte: Entweder, so sagte er, würden mich die Behörden für einige Tage als »Gast« aufnehmen (so kann man eine Abschiebehaft auch nennen …) oder ich müsste mich an irgendeinem Ort für einige Tage verbergen. Voraussichtlich würde noch heute der Fall im Gericht besprochen und das Urteil am Montag fallen. Er wolle aber auch noch zur Immigrationsbehörde, um mit dem Vorsitzenden zu sprechen.

Wieder machte ich mich mit dem Rad auf. Zunächst wollte ich einfach zurück zur Farm und zu meiner Tochter, die sicher schon sehnsüchtig auf Nachricht wartete und sich große Sorgen machte. Das Stadtzentrum hinter mir lassend, nahm ich nun die eher wenig befahrenen Straßen und später sogar Feldwege in Richtung unserer Farm. Ich war »kaçak« – auf der Flucht.

Heute frage ich mich manchmal, ob Gott nicht hin und wieder sogar Erfahrungen aus unserem »alten« Leben, als wir ihn noch nicht kannten, gebraucht, um uns im Heute zu leiten oder auch zu schützen. Vielleicht eine etwas gewagte Theologie, aber in meinem Fall trug es möglicherweise wenigstens ein ganz kleines bisschen auch dazu bei, dass ich verhältnismäßig ruhig bleiben konnte. War doch meine Jugendzeit leider auch davon gekennzeichnet gewesen, dass ich mir mit Laden- und sogar Mopeddiebstählen einen zweifelhaften Ruhm verschafft hatte. Auch sonst war ich kein Kind von Traurigkeit gewesen. Ich erinnere mich, dass ich mit meiner »Ente« (Citroën 2 CV) an den Rheinwiesen mit allen vier Rädern abhebend über einen Deich »geflogen« und mit dem gleichen Modell einmal einem zivilen Polizisten außer Dienst entkommen bin. (Er hatte bemängelt, dass meine immerhin 12-Volt-Lichtanlage nicht funktionierte und gemeint, ich solle rechts ranfahren.)

Letztlich kam ich gut bei Hanna an, die bereits in Gesellschaft von einigen Freunden aus der Gemeinde war. Unsere koreanische Bekannte hatte sogar für alle gekocht. Kurz erklärte ich allen die Situation. »Wirklich?« – »Ja, wirklich...«

Dann beteten wir miteinander. Uns allen war der Ernst der Lage bewusst. Zu jeder Zeit konnten die Diensthabenden erneut kommen, um mich abzuholen. Ich zog mich in die Küche zurück, um den betenden Freunden schnell eine kurze Nachricht zu schreiben. Priorität: sehr hoch. Betreff: Sie kamen heute Morgen...

Liebe Freunde,

sie kamen dann doch heute Morgen. Hanna war gerade allein auf der Farm, ich zu einer Erledigung in der Stadt. Zurzeit sind wir mit einigen Geschwistern zusammen. Der Rechtsanwalt will noch sein Möglichstes versuchen, spricht mit dem Direktor der Einwanderungsbehörde. Ein Bekannter von uns will das Büro des Innenministers kontaktieren. Heute tagt das Gericht und verhandelt evtl. auch unseren Fall.

Es kommt vieles zusammen, ihr Lieben! Wenn das alles nicht hilft, werden sie mich wahrscheinlich in eine Aufbewahrungsstelle für Abzuschiebende bringen. Das ist ein früheres Provinzgefängnis in einer Kleinstadt, ca. 7 km von hier.

Betet!

Hans-Jürgen

Nachdem ich mit einem unserer ausländischen Teammitglieder noch einiges im Blick auf unser früheres Gästehaus abgeklärt hatte, besprach ich mit Hanna, wie es ungefähr weitergehen könnte: Ich wollte ungern noch länger auf der Farm bleiben. Gemeinsam beschlossen wir, zu Bekannten zu gehen. Schnell räumten wir auf, versorgten die Hühner und verabschiedeten uns für unbestimmte Zeit vom »Ort des guten Hirten«.

Gerade als wir die große Holztür geschlossen hatten und uns auf den Weg machen wollten, kam ein Auto um die Ecke gefahren. Nein, es war Gott sei Dank nicht die Polizei; wir erkannten unseren einheimischen Freund Ahmet hinter dem Steuer. »Ich habe mehrmals versucht, dich anzurufen«, meinte er. Zu dem Zeitpunkt hatte ich mein Handy bereits ausgeschaltet, damit man es nicht orten könnte. »Ich bin dann zuerst zu eurem Haus in der Stadt gefahren und dann kurzerhand hierher.«

»Das ist wirkliche Freundschaft«, dachte ich mir und erklärte Ahmet nun kurz die Situation. Er war zwar noch kein Nachfolger Jesu, war sich aber der Brisanz der Situation bewusst und bot kurzerhand an: »Ich fahre euch zu euren Freunden.«

Gesagt, getan – ich legte mich hinten auf der Rückbank flach hin, damit man mich von außen nicht sehen konnte. Wir fuhren auch diesmal nicht den kürzeren Weg unter der Brücke hindurch, sondern machten einen Umweg über kleinere Pfade. Wieder war es gut, dass wir uns hier gut auskannten. Unterwegs sagte Ahmet keineswegs ängstlich, eher heiter und mit einem Lächeln auf seinem Gesicht: »Das ist das erste Mal, dass ich einen Flüchtling transportiere.« Und dann erklärte er Hanna und mir etwas, was wir vorher gar nicht gewusst hatten: »Ich habe auch einmal mehrere Monate im Gefängnis verbracht. Es war während der 70er-Jahre, als die Türkei politisch sehr instabil war. Ich war ziemlich links orientiert. Man fand in meiner Tasche Bücher von Marx und Lenin. Das reichte für einige Monate Haft.«

Letztlich kamen wir gut an und wurden herzlich von unseren Freunden begrüßt. Wir fanden uns im Wohnzimmer der kleinen Familie ein und reflektierten bei türkischem Tee noch einmal das ganze Geschehen. Während des Gesprächs wandte ich mich auch kurz an Ahmet und ermutigte ihn trotz oder vielleicht sogar wegen meiner eigenen Lage zur Nachfolge Jesu: »Das Leben ist so vergänglich, Ahmet. Du siehst, wie schnell sich Dinge ändern können. Folge Jesus nach, das wird für dich selbst und für deine Familie das absolut Beste sein.« Ich war irgendwie selbst fast überrascht, wie bestimmt ich unserem Freund in diesem Moment diese Wahrheit weitergeben konnte. Wir hatten zuvor öfter mit Ahmet und seiner Familie Zeit verbracht, manchmal auch miteinander in der Bibel gelesen. Vieles war aber eher oberflächlich geblieben. Ob sich dies jetzt ändern würde? Schreckte meine Situation nicht eher jemanden ab, der gerade erwog, Jesus nachzufolgen? Die Ewigkeit wird einmal zeigen, was für einen Wert diese besonderen Tage für uns als kleine Schar der Gläubigen und auch unsere noch außenstehenden Freunde gehabt haben.

Nach einiger Zeit des Zusammensitzens rief mich mein Anwalt über Hanna an. Cüneyt Bey erklärte, dass er bei der Immigrationsbehörde den Direktor habe sprechen können. »Er wurde etwas ruhiger, als ich ihm deinen für nächste Woche gebuchten Flug zeigen konnte. Den Ausdruck des Tickets habe ich ihm dort gelassen. Er meinte, dass sie einige Tage Kulanz zeigen könnten...«

Das hörte sich gar nicht so schlecht an. Ich bedankte mich bei Cüneyt Bey für seinen Einsatz und bat ihn, Hanna zu kontaktieren, wenn es irgendetwas Neues geben sollte.

Trotz der Aussage der Immigrationsbehörde traute ich dem Ganzen nicht – vor allem traute ich der Polizei nicht. Schließlich hatte diese Hanna zuvor entweder ganz klar belogen oder sie wussten es selbst nicht besser... Ich sagte dies auch den Freunden in unserer Runde dort im Wohnzimmer und fügte nochmals hinzu: »Ich traue der Polizei nicht.« Für mich bestand jedenfalls immer noch die durchaus reale Möglichkeit, dass sie erneut kommen würde, um mich zu holen. Daher bat ich den Hausherrn, an einem ungestörten Ort mit ihm reden zu können. Wir gingen hinauf in sein Arbeitszimmer und ich erklärte ihm meinen Plan: »Ich denke daran, mich irgendwohin zurückzuziehen und dort auf die Entscheidung des Gerichtes zu warten.« Ich schaute meinem Gegenüber in die Augen. »Selbst Hanna soll nicht wissen, wo ich mich aufhalte. Wenn die Polizei oder sonst jemand kommt, soll sie ehrlich sagen können, dass sie nicht weiß, wo ihr Papa ist.« Ich hatte auch schon eine Idee, wo mein Versteck sein könnte. »Ich will mich im kleinen Gästehaus oben in der Altstadt verbergen«, eröffnete ich dem Freund. »Bringst du mich hin?«

Unser früheres Gästehaus liegt im oberen Teil der schönen Altstadt und hat keinen direkten Zugang zur Straße. Obwohl nur ca. zehn Gehminuten vom Zentrum entfernt, ist es sehr ruhig gelegen. Eigentlich wohnte derzeit eine einheimische Familie im Haus, sie war aber gerade auf Familienbesuch im Osten des Landes. Das Vorhaben erschien auch meinem Freund einsichtig und er bot sich an, mich hinzufahren. Hanna und die anderen wurden nun auch in das Vorhaben eingeweiht, nur nannten wir mein genaues Versteck nicht. Meinen Laptop mit meinen persönlichen Dokumenten und vielen Adressen vertraute ich Hanna an und bat sie, für die nächsten Tage alle meine Kommunikation zu übernehmen. Ich hatte nicht vor, in meiner vorübergehenden Bleibe das Internet zu nutzen; ohnehin war mein Handy ja außer Betrieb. Das würde für Hanna nicht wenig Arbeit werden. Auch sprachen wir ab, dass sie unsere betenden Freunde über das jüngste Geschehen informieren würde. Nach einer gemeinsamen Gebetszeit verabschiedeten wir uns. Es war draußen inzwischen dunkel geworden. Besonders die erneute Trennung von Hanna tat mir weh. Ich wusste, dass vor uns weitere Tage mit besonderer Spannung lagen.

Bevor wir in mein Versteck fuhren, musste ich aber einige wichtige Sachen von der Farm holen. Die Dunkelheit gab uns zusätzliche Sicherheit – zu dieser späteren Stunde würde wahrscheinlich keine Polizei mehr auf uns warten. Mein Freund fuhr mich mit dem Auto, die letzten Meter legte ich zu Fuß zurück. Ohne Licht zu machen, suchte ich die Sachen zusammen, sah ein vorerst letztes Mal nach den Hühnern und ihren Küken und lief dann zurück zum wartenden Auto. Los ging es in das jetzt nur noch uns beiden bekannte Versteck. Den Schlüssel für das frühere Gästehaus mussten wir zuerst noch in unserem Stadthaus holen, aber auch da blieb ich unerkannt in der Dunkelheit. Mein Freund hielt auf der schmalen Straße. Von dort aus waren es nur noch wenige Meter bis zu dem etwas versteckt liegenden kleinen Haus mit blauer Eingangstür. Es war an der Zeit, mich zu verabschieden. Für die nächsten Tage sollte dies die letzte Begegnung mit einem menschlichen Gegenüber bleiben. Ich lief zum Eingang, drehte das etwas schwer gehende Schloss und stieß die Tür auf. Der Innenhof war dunkel und dabei beließ ich es auch. Die Tür fiel hinter mir zu und ich war allein. Allein mit dem Herrn. Und *der* hatte alles in seiner Hand. Das hatten wir an diesem langen Tag ganz deutlich erfahren. Wie nur sahen seine Gedanken für unsere Zukunft aus?

An dieser Stelle finde ich es wertvoll, auch Hanna selbst zu Wort kommen zu lassen. Deshalb hier leicht gekürzt ihr Schreiben an unsere betenden Freunde. Ich gebe es hier so wieder, wie von Hanna formuliert, auch wenn das Geschehen hier und da etwas anders verlaufen ist, als ihr damals bekannt war. Wie viel Tapferkeit und Mut des Glaubens spricht daraus!

Wie alles kam ...
Liebe Freunde,
ich bin Hanna und schreibe euch heute als Vertretung für meinen Papa. Zunächst einmal: Ihm geht es gut und er ist in Sicherheit. Ich möchte euch nun erzählen, wie alles kam ... Vieles davon ist unvorstellbar in Europa.
Mein Papa und ich wollten gestern eigentlich einen gemütlichen und stilleren Tag machen, nachdem es zuletzt mit Anwalt, Gericht, ich in Istanbul etc. so turbulent zuging. Doch am Morgen während der Stillen

Zeit ist Papa die Idee gekommen, nochmals zum Gouverneursamt zu gehen, um ein Schreiben für das Migrationsamt abzugeben, das begründet, weshalb es für uns nicht möglich ist, innerhalb von zehn Tagen das Land zu verlassen. (Ich studiere noch, bin über Papa versichert, er bekommt seine Rente, wir haben Häuser und Hühner, die wir nicht einfach so zurücklassen können.) Das war um 10.20 Uhr.

Es vergingen keine zehn Minuten, da fuhr ein Auto vor unserem Tor vor. Dann hörte ich Stimmen und sah zwei junge Männer in blauer Uniform. Sie fragten unsere Nachbarn, ob hier die Deutschen wohnen würden. Ich wusste sofort, dass es die Polizei war, und rannte ins Haus, um meinem Papa eine SMS zu schreiben.

Dann klopften sie kurz und kamen rein, denn das Gartentor war offen. Mein Puls war gefühlt auf 100 und ich kam raus, um mit ihnen zu reden. Sie fragten: »Ist dein Papa da? Er muss auf der Polizeiwache etwas unterschreiben und dann kommt er wieder.« (Lüge) Ich habe ihnen erklärt, dass er zum Gouverneursamt gefahren ist, um dort ein Schreiben abzugeben. Nach Mama haben sie auch gefragt, meiner Oma gute Besserung gewünscht, gesagt, ich sei wie eine Türkin, haben gefragt, was ich studiere etc. Als sie Papas Grabstein sahen, fragten sie, ob alle Europäer das so machen würden. Ich habe ihnen erklärt, dass die Bibel uns sagt, dass wir über den Tod nachdenken und weise werden sollen. Auch unser Eingangsschild »Der Ort des Guten Hirten« haben sie gesehen und daraufhin gemeint, mein Papa sei ja ein sehr religiöser Mann. Ich antwortete, dass wir nur unseren Glauben ausleben würden. Na ja, alles ging ziemlich schnell. Sie wollten dann, dass ich meinen Papa anrufe, was ich getan habe. Einer der Polizisten sprach mit ihm und sagte, er solle kurz zur Polizeiwache kommen und etwas unterschreiben. Sie wollten dann noch seine Handynummer und machten sich dorthin auf, um Papa zu treffen. Zumindest dachte ich das ...

Ich habe gleich Alarm geschlagen, allen Freunden in meiner Kontaktliste geschrieben, dass Papa jetzt abgeholt würde und womöglich abgeschoben wird. Geschwister von der Gemeinde hier und auch mein Fahrradtrainer kamen direkt zur Farm, um mir beizustehen, und wir haben gebetet, Lieder gesungen und Psalmen gelesen. Danach war ich schon viel ruhiger. Den Rechtsanwalt habe ich auch angerufen, aber er wusste schon von Papa Bescheid. Er war bereits beim Gericht und Polizeiamt gewesen, um für Papa vorzusprechen. Heute sollte nämlich das Gerichtsurteil gefällt werden. Er fragte mich aber auch, wo mein Papa denn sei … Ich wusste es natürlich auch nicht. Nach ein paar Minuten rief er mich zurück und konnte mir sagen, dass mein Papa bei ihm im Büro war und sie jetzt überlegten, was sie tun würden. Gott sei Dank.

12.30 Uhr: Plötzlich kam Papa durch das Gartentor. Das Erste, was ich sagen konnte, war: »Hayırdır?!« (so was wie: Was machst du denn hier?!). Papa ist mit seinem Mountainbike von hinten über Schleichwege zur Farm gekommen und hatte auch sein Handy ausgemacht, damit die Polizei ihn nicht erreichen konnte. Die amerikanischen Geschwister, die gerade erst wieder in der Türkei zurück waren, kamen auch noch vorbei. Wir hätten nicht gedacht, sie unter solchen Umständen wiederzusehen. Trotzdem war es eine schöne Begegnung.

Langsam machten sich alle wieder auf den Weg nach Hause. Auch wir wollten nicht mehr lange auf der Farm bleiben, da wir nicht wussten, ob die Polizei wieder zurückkommen würde. Somit begaben wir uns zu Bekannten, die uns sowieso zum Abendessen eingeladen hatten. Gerade hatten wir das Tor hinter uns geschlossen, da kam ein guter Freund von Papa mit seinem Auto. Er hatte mich ein paar Mal angerufen, aber ich konnte nicht offen sprechen, denn unsere Handys werden womöglich vom Staat abgehört. Doch er fand uns trotzdem und brachte uns, wieder über Schleichwege, zum Haus von unseren Freunden.

Im Haus von unseren Freunden angekommen, reflektierten wir noch mal den ganzen Tag und alles, was passiert war: Es war wirklich erstaunlich, wie perfekt Gottes Timing war. Wäre mein Papa nur zehn Minuten später von der Farm weggefahren, wäre er noch hier gewesen, als die Polizisten kamen. Aber wäre er auch nur zehn Minuten früher losgefahren, dann hätte er sie in unserem Haus in der Stadt angetroffen, denn da waren sie zuerst. Sie sind einfach über das verschlossene Gartentor gestiegen und haben die Verandatür offen gelassen, als sie uns dort nicht fanden. Und: Mein Papa hat die Polizisten sogar gesehen. Er war auf dem Weg nach Hause und die Polizisten auf dem Weg zur Farm. Sie sind sich also auf dem Weg begegnet. Doch sie haben ihn nicht bemerkt. Gott führt alles wunderbar.

Auch über die Situation im Land haben wir gesprochen und die Entwicklungen sind wirklich nicht gut. Eine Person hat zu viel Macht und selbst der Gouverneur, den ein Freund von uns anrief, sah sich nicht in der Lage, etwas zu tun oder zu sagen. Die Polizei lügt, wir werden ohne Grund abgeschoben, das Gericht arbeitet (bewusst?) sehr langsam. Die Polizei weiß natürlich auch, dass das Gericht bald eine Entscheidung treffen wird, und möchte Papa möglichst vorher noch deportieren. Denn selbst wenn das Gerichtsurteil positiv ausfällt, würden sie ihn danach nicht wieder ins Land lassen. Es geschehen so viele Sachen im Untergrund, von denen das normale Volk keine Ahnung hat.

Nach dem Abendessen beschlossen wir, dass ich die Nacht bei den Freunden übernachten und Papa zu einem geheimen Ort gebracht werden würde. Wir vermuten nämlich, dass die Polizei Papa weiterhin suchen wird, denn wenn am Montag der Gerichtsbeschluss für Papa positiv ausfällt, haben sie kein Recht mehr, Papa zu deportieren, bis der Fall abgeschlossen wird. Das kann, wie wir von anderen mitbekommen haben, bis zu zwölf Jahre dauern.

Bitte betet dafür, dass das Gerichtsurteil am Montag positiv für Papa ausfällt und dass er das Land nicht verlassen muss. Sobald es bekannt wird, melden wir uns wieder.

Vielen Dank für das Lesen unserer langen, spannenden Geschichte. Ich hoffe, ihr habt so ein wenig mehr Einblick in das türkische (Nicht-)Rechtssystem bekommen.

Bitte antwortet nicht auf Papas gmx-Adresse, da diese nicht sicher ist. Also bitte nur auf diese.

Papa ist jetzt woanders. Ich weiß auch nicht, wo, aber es geht ihm gut. Sein Handy ist weiterhin aus und ich soll schöne Grüße von ihm ausrichten.

Macht euch um mich keine Sorgen. Ich bin gut aufgehoben und weiß mich von Gott getragen.

Liebe Grüße aus der Türkei

Hanna

16

WARTEN UND HOFFEN

Mit etwas Wasser und Lebensmitteln hatten mich die Freunde versorgt, anderes fand ich zusätzlich im Kühlschrank. Mehmet und Fatma, die erst seit Kurzem im Haus wohnten, wollten bald ein kleines Restaurant in der Stadt eröffnen und hatten einige Probespeisen im Eisfach gelagert. Von daher war also für mich gesorgt. Unter Gebet begann ich meinen dreitägigen Rückzug in die Einsamkeit. Am Montagabend konnte ich Nachricht vom Anwalt erwarten, ob meine Ausweisung aus dem Land ausgesetzt würde.

Die erste Nacht war okay, allerdings wachte ich morgens früher als gewollt mit einigen Sorgen im Kopf auf. Wie würde dies alles wohl weitergehen, was würde es für uns als Familie bedeuten? Hanna hatte ihr letztes Studienjahr vor sich und das Semester würde in wenigen Tagen beginnen. Haus und Hof hatten wir hier in der Stadt und noch manches mehr, was wir im Lauf der vielen zurückliegenden Jahre aufbauen hatten können – nicht zuletzt viele wertvolle Beziehungen. Nach einer Stillen Zeit auf dem Balkon mit Blick auf die Stadt und einem Frühstück fühlte ich mich besser und beschloss, in den kommenden Tagen einige kleinere Bücher des Alten Testaments zu lesen. Esra, Nehemia, Daniel und Ester lebten als Gläubige an den Bundesgott Israels jeweils in fremden Kulturen und durften dort die Treue Gottes zu ihnen selbst und ihrem Volk erfahren. Davon wollte ich lernen. Auch sonst wurde mir nicht langweilig …

Mein Handy hatte ich in dieser Zeit meist ausgeschaltet und sogar den Akku herausgenommen, wie mir geraten worden war; nur selten und ganz kurz öffnete ich es, um zum Beispiel von Hanna Nachrichten zu empfangen. Am ersten Morgen klingelte es einmal an der

Tür. Ich verhielt mich ruhig, und wer auch immer es war, zog nach einiger Zeit wieder ab. Ich war froh, dass Mehmet und Fatma sich erst vor einigen Tagen unter der neuen Adresse offiziell angemeldet hatten, weshalb Beamte in Wahrung ihrer persönlichen Rechte nicht einfach ohne entsprechenden Beschluss ins Haus eindringen konnten. Dass dieses Haus uns gehörte, war erstens unter den Einheimischen bekannt und hätte ja auch leicht durch das Liegenschaftsamt in Erfahrung gebracht werden können.

So wendete ich mich also dem Studium besagter Bücher zu und machte mir dabei auf einem Block Notizen. Es war wirklich eindrücklich zu sehen, wie der Herr sehr deutlich zu den Seinen steht, sie trotz zum Teil großer Gefahren und Mühen bewahrt und letztlich durch sie und andere Helfer zum Ziel kommt. Esra, Nehemia, Daniel und Ester, sie alle waren sündige Menschen. Und doch hatten sie im Glauben an den Bundesgott Israels einen großen Beistand und Erretter. Menschen um sie herum, sogar mächtige Könige und Herrscher, bekamen durch sie die Möglichkeit, mehr von Gott zu erkennen. Einige stellten sich sogar zu Gottes Knechten, obwohl diese ja von einem anderen Volk waren und hier und da deutlich anderer Meinung...

Es tat mir gut, diese Zeugnisse in der Bibel zu lesen, und das Wort Gottes stärkte wie so oft meinen Glauben. Nur einmal erlebte ich eine sehr schwere Phase, als mir nämlich stark bewusst wurde, dass ich unter Umständen schon in wenigen Tagen Hanna allein hier in der Türkei und damit auf einem anderen Erdteil zurücklassen müsste. Über die Option, dass Hanna mit mir gemeinsam das Land verlassen könnte, haben wir eigentlich nie nachgedacht, geschweige denn darüber gesprochen. Zum einen hatte sie das letzte Studienjahr und damit den akademischen Abschluss vor sich. Und sie liebt das Land und die Menschen einfach. Ich war zudem immer wieder dankbar für ihre Hilfe in diesen Tagen und würde es sicher auch nach meiner eventuellen Abreise sein. Schließlich war sie dann die Einzige aus unserer kleinen Familie vor Ort und musste in manchem »die Stellung halten«.

Ich weinte vor Gott und bat ihn, diesen Kelch von mir zu nehmen. »Aber dein Wille geschehe«, schloss ich mein Gebet. Insgesamt darf ich bezeugen, dass der Herr mir in all diesen Tagen wirklich viel Kraft gab. Was ich zuvor im Blick auf Verfolgungen nur gelesen hatte, durfte ich jetzt selbst erfahren. Ja, manchmal konnte ich Gott sogar dafür danken, dass er mich für würdig erachtete, solches mit ihm und für ihn durchzumachen. So erlebte ich diese drei Tage allein in meinem Versteck in einem Wechsel von Bibellese, Gebet, Mahlzeiten und dem Warten auf eine Nachricht von außen.

Es kam der Montag und damit die Zeit der Offenbarung aus dem Gerichtshof. So dachte und hoffte ich jedenfalls und betete wie wahrscheinlich viele andere in vielen Ländern der Erde um einen positiven Ausgang unseres Einspruchsverfahrens. Wie so manchmal in der Türkei kam es allerdings anders, als gedacht …

Irgendwann war der ersehnte Moment da: Der Schlüssel drehte sich im zuvor sorgfältig verschlossenen Schloss und unser einheimischer Freund trat langsam durch die inzwischen geöffnete Tür. Nach einer kurzen Begrüßung hielt ich es kaum noch aus: »Und, was ist jetzt? Wie hat das Gericht entschieden?«, fragte ich gespannt.

»Nichts ist – der Anwalt hat vom Gericht noch nichts gehört.«

Diese Antwort war so ziemlich das Letzte, was ich hören wollte. Die Gedanken kreisten in meinem Kopf. »Wie kann das sein?«, fragte ich.

»Es ist einfach nichts gekommen. Hanna hat den Anwalt angerufen, aber der kann nichts sagen.«

Damit wollte ich mich absolut nicht zufriedengeben, weshalb ich kurzerhand mein Gegenüber bat, mich zu seinem Haus und damit auch zu unserer Tochter zu bringen. Meist schweigend fuhren wir zurück. Endlich angekommen, betraten wir das Wohnzimmer. Wie froh war ich, Hanna nach diesen Tagen wieder in den Arm nehmen zu können!

»Warum gibt es keine Nachricht?«, wollte ich wissen. Ich nahm Hannas Handy, um den Anwalt selbst anzurufen.

»Hanna?«, meldete sich Cüneyt Bey am anderen Ende.

»Ich bin's – Hans«, gab ich nur kurz zurück. »Was ist passiert? Warum gibt es keine Nachricht vom Gericht?«

Der Anwalt schilderte mir kurz, dass eine offizielle Stellungnahme des Gerichts immer noch ausstand, und versprach mir, sobald wie möglich den Beschluss des Gerichts herauszubekommen. »Sie wissen ja, wie wichtig das für mich ist«, sagte ich noch zum Schluss und Cüneyt Bey bejahte.

Als Nächstes ließ ich mir von Hanna die Korrespondenz der letzten Tage zeigen. Nachrichten und Zeichen der Anteilnahme waren aus einigen Teilen der Welt gekommen, auch hatten sich einige Behörden zurückgemeldet. Hanna hatte wirklich gute Arbeit geleistet. Trotzdem: »Ich nehme den Computer mit und übernehme wieder«, sagte ich unserer tapferen Tochter. Ich musste jetzt einfach einiges selbst regeln, auch wenn dies die Gefahr vergrößerte, dass ich in meinem Versteck entdeckt werden würde. Denn dorthin musste ich nun zurück. Wieder war es später Abend und wieder musste ich mich von Hanna verabschieden…

Am nächsten Tag begann ich recht bald, mit deutschen und auch österreichischen Behörden weiter Kontakt aufzunehmen. Die österreichische Botschaft meldete sich recht bald zurück und erbat zusätzliche Informationen. Überhaupt nahm sich das im Vergleich zu Deutschland wesentlich kleinere Land unser Anliegen wirklich zu Herzen. Eine Abgeordnete des Nationalrats meldete sich sogar persönlich bei mir und bot ihre Hilfe an. Sie schrieb dann wenig später auf Englisch dem türkischen Botschafter in Österreich einen persönlichen Brief, erklärte darin unser Anliegen und wies darauf hin, dass der Fall in Österreich bereits Kreise ziehen würde. Zur Unterstützung ihres Schreibens schickte ich der Nationalrätin einige unserer Dokumente zu, unter anderem das Ausweisungsschreiben mit dem Kreuz bei »anderen Gründen«. Ungefähr zeitgleich bat ich das Auswärtige Amt in Deutschland per Mail (ein Anruf in Berlin hatte wenig bis gar nichts gebracht), den deutschen Botschafter in Ankara zu beauftragen, ein Schreiben an das Direktorat der Immigrationsbehörde entweder persönlich oder durch einen Vertreter zu übermitteln. In diesem Schreiben legte ich den Fall noch einmal dar, beschrieb unsere Lage mit Hanna in der Türkei und Renate bei ihrer kranken Mutter in Österreich. Ich bat erneut darum, mich wenigstens bis zum Abschluss von Hannas Studium im Land zu belassen. Erst am Abend kam dann endlich eine Antwort aus Berlin:

Sehr geehrter Herr Louven,
die Botschaft Ankara hat sich heute direkt an die zuständige türkische Migrationsbehörde gewandt und Ihr Schreiben übermittelt. Wir haben jedoch bisher keine Rückmeldung erhalten, dass die türkischen Behörden Ihnen eine Fristverlängerung gewähren würden. Wir müssen Ihnen daher leider raten, sich auf eine Ausreise einzustellen.
Gleichfalls raten wir Ihnen, weiterhin den Kontakt zum Generalkonsulat in Izmir zu halten. Das Auswärtige Amt in Berlin steht im ständigen Kontakt sowohl mit der Botschaft wie mit dem Generalkonsulat.
Mit freundlichen Grüßen

Das war nicht unbedingt das, was ich hören wollte. Was tun? Diese Frage hatte ich mir in den letzten Tagen schon öfter gestellt. Die Mail eines Pfarrers aus Süddeutschland zeigte mir, dass es vielen anderen ähnlich ergangen war und Gott zu jeder Situation Weisheit und Geschick geben kann:

Lieber Hans-Jürgen,

danke für die Mail und alle Berichte über euer Ergehen. Es gib ein persisches Sprichwort, das etwa so übersetzt werden kann: »Die Erde ist weit und die Füße des Bettlers sind noch nicht lahm.« Das sagte ich einmal einem hohen Beamten im Premierministerium (1973) in Kabul, als die Frage aufkam, was ich jetzt machen würde, nachdem ein Projekt geschlossen worden war. Ich hatte einen guten Streit mit ihm und dachte, die weisen mich aus. Das Gegenteil war der Fall, denn der Beamte öffnete sich am nächsten Tag, entschuldigte sich, dass er mich provoziert habe, und erzählte mir, wie problematisch seine Arbeit sei und man niemandem mehr trauen könne. Er hat mich wie einen Afghanen behandelt, allerdings reagierte er im Blick auf das Evangelium immer besonders allergisch. Ich wusste, warum, habe es ihm aber nie gesagt, denn sein Bruder war Christ und lebte in Amerika. Wir trafen den Bruder 1981 in den USA und falteten gemeinsam die Hände für Afghanistan. Auch eure Fürbitte ist nicht vergeblich, selbst wenn die »Geduld scheinbar unerhörter Gebete« uns manchmal schon anfechten kann ...

Was für mich im Blick auf die Reaktion der zentralen Immigrationsbehörde besonders schwer wog, war, dass die Türkei in unserem Fall etwas getan hatte, was für die türkische Kultur eigentlich ein völliges No-Go ist: Sie zwangen mich, meine Tochter (und unser einziges Kind) in einem anderen Land und auf einem anderen Kontinent allein zurückzulassen. Dazu muss man die türkische Kultur verstehen: Studieren dort Töchter der Familien auswärts, sorgt man in der Großfamilie dafür, dass sie über Verwandte oder andere Nahestehende am jeweiligen Studienort geschützt werden. Oft ziehen die Eltern sogar mit ihren Töchtern um, nehmen eine gemeinsame Wohnung, damit diese in der entsprechenden Stadt studieren können.

Von Hanna hörte ich, dass erneut Polizei vor unserem Haus gewesen war. Diesmal drei Männer in Zivil. Die Nachbarn hatten es ihr gesagt. Die Polizei habe nach mir gefragt und ihre türkische Staatsbürgerschaftsnummer aufnehmen wollen. (Jeder türkische Bürger hat eine 11-stellige Nummer, die ihm oder ihr zugeordnet ist.) Das hätten die Nachbarn aber verweigert...

Inzwischen war es bereits Dienstagabend. Wenn nicht noch ein Wunder geschehen würde, müsste ich tatsächlich das schon vor längerer Zeit gebuchte Ticket nach Friedrichshafen in Anspruch nehmen und ausreisen. Erneut und mit Dringlichkeit schrieb ich unseren betenden Freunden:

Liebe Freunde,
die letzten Tage und Stunden waren ganz besondere. Solche, die man wohl in seinem Leben nicht so schnell vergessen wird. Und noch sieht das Ganze hier bei Weitem nicht nach einem Ende aus, ist vielleicht erst der Anfang?

Hanna rief gerade an und sagte mir, dass die Polizei erneut zu uns nach Hause gekommen sei. Diesmal wohl zu dritt. Eine Nachbarin gab ihr Bescheid. Was danach geschah, weiß ich nicht, ich habe mein Handy wieder auf Eis gelegt.

Es braucht jetzt wirklich ein Wunder. Von meiner Seite habe ich wohl fast alles unternommen, was man sich denken kann.

Wir warten immer noch auf den Bescheid des Gerichts. Der Fall ist am Freitag verhandelt worden, so viel wissen wir. Der Anwalt versucht das Urteil herauszubekommen (selbst so etwas scheint hier schwierig).

Ich habe ein Ticket für morgen Abend über Istanbul nach Friedrichshafen (das habe ich bereits vor den aktuellen Entwicklungen hier gekauft). Es kann sein, dass das Gericht die Order hat, den Bescheid zurückzuhalten, wir wissen es nicht. Betet weiter – der Herr selbst möge eingreifen! Wenn jetzt nichts Besonderes geschieht, muss ich wohl morgen ausreisen, Hanna und vieles hier zurücklassen.

Wir waren und sind in diesen Tagen so froh, dass es euch gibt!

Hans-Jürgen mit Hanna (Renate weiterhin in Österreich, kümmert sich unter anderem um ihre kranke und alte Mutter)

Jetzt konnte ich nur noch warten. Für den nächsten Tag hatte ich noch ein letztes Treffen mit dem Anwalt in seinem Büro vereinbart.

Mit der Schirmmütze tief im Gesicht ging ich den Weg ins Zentrum hinunter. Ich kam ganz in der Nähe des Polizeigebäudes vorbei, in das ich vor einigen Tagen beordert worden war. Mit zu dem Treffen kommen wollte Barb, eine amerikanische Journalistin, die extra von Istanbul in unsere Provinz geflogen war, um über unseren Fall zu berichten.

Cüneyt Bey erklärte uns zunächst den aktuellen Stand der Dinge: Das Verwaltungsgericht hatte *nicht* die Ausweisung der Immigrationsbehörde ausgesetzt. Stattdessen hatte es ihr eine 15-tägige Frist gesetzt, ihre Entscheidung zu erklären und Gründe dafür offenzulegen. Dies bedeutete also, dass ich heute fliegen müsste.

Wir besprachen anschließend die Details und erwägten weitere Möglichkeiten. Barb fragte den Anwalt, ob man mir wohl auch wie vielen anderen zuvor Ausgewiesenen am Flughafen einen Code geben würde. Dieser Code ist vergleichbar mit einer Einreisesperre für die Zukunft und war ja bereits im Schreiben des Generalkonsulats erwähnt worden.

»Ich weiß nicht, was die Behörden tun werden«, räumte Cüneyt Bey ein.

Das war nun nicht sehr ermutigend.

»Darf ich Sie in meinem Artikel über den Fall mit Namen nennen?«, wollte die Journalistin noch wissen.

»Ich setze mich ohnehin für Menschenrechte ein und bin Vorsitzender des hiesigen Atatürk-Vereins – was soll ich da noch verheimlichen?«, meinte Cüneyt Bey trocken zu dieser in der Türkei sehr berechtigten Frage.

Wir verließen das Büro und machten uns gemeinsam auf den Weg zum Haus in der Altstadt. Der Countdown für meinen nun doch sehr plötzlichen Abschied auf längere Zeit lief.

Den anderen aus unserer kleinen Gemeinde war inzwischen mein Aufenthaltsort bekannt gemacht worden und wir wollten vor meinem Abflug noch einmal zusammenkommen. Ich packte noch schnell ein paar Sachen in eine Sporttasche, bevor ich mich zu den anderen in den Kreis setzte. Viel war es nicht, was ich hier hatte, ich wollte aber auch nicht das Risiko eingehen, noch einmal zu unserem Haus zu gehen und womöglich dort oder unterwegs in letzter Minute noch aufgehalten zu werden. Ich sah in die Gesichter der einheimischen Gläubigen und ausländischen Geschwister, die gekommen waren. Dies war also jetzt der größte Teil derer, die fortan in Muğla bleiben, das Evangelium hier leben und weitertragen würden. Es war ohnehin von Anfang an unser Wunsch gewesen, dass diese Aufgabe immer mehr von den Einheimischen übernommen wurde.

Ich ließ noch einmal den Blick über den Garten unseres unter Denkmalschutz stehenden kleinen Gästehauses schweifen. Wie viele Gäste aus den unterschiedlichsten Ländern hatten hier bereits für kürzere oder längere Phasen gelebt! Und das große Wasserreservoir gegenüber – hier hatten sich damals die ersten Gläubigen taufen lassen. Unter ihnen unser alter Freund »Onkel Richard«, der in einem der Nachbarorte lange als Tierarzt gearbeitet hatte und von der Bevölkerung so sehr gemocht wurde, dass man ihn sogar einmal zur Wahl des Bürgermeisters aufgestellt hatte – allerdings auf der Liste einer eher islamisch-nationalistischen Partei. Onkel Richards Bedenken, dass er nicht sehr muslimisch sei und auch nicht in die Moschee gehen würde, hatte man zunächst abgetan. Nur wollte die Partei ihn dann doch, je näher die Wahl heranrückte, in der Moschee sehen. Einmal habe er das mitgemacht, erzählte unser älterer Freund uns später. »Ich habe mich so schlecht gefühlt«, meinte er, »dass ich meine Kandidatur anschließend beim zuständigen Amt für beendet erklären habe lassen.«

»Ein Pferd wechselt man nicht auf dem Weg«, habe die Partei dann sinngemäß mit einem türkischen Sprichwort gesagt. Doch für unseren späteren Bruder war die Entscheidung endgültig, wie bestürzt die Partei auch gewesen sein mochte.

Später hatte er einen Traum gehabt, in dem Jesus ihm begegnete und ihn dazu aufforderte, die Bibel zu lesen. Nach ersten Schwierigkeiten (er hatte sogar bei uns in der Provinzhauptstadt keine Bibel bekommen können) hatte er noch einmal einen ähnlichen Traum gehabt und war danach in einer Zeitung auf eine Kleinanzeige aufmerksam geworden: »Haben Sie jemals das İnjil (Neues Testament) gelesen?«

Er bestellte ein Exemplar, bekam es jedoch zunächst nur im Kleindruck, was ihm aufgrund seines schon fortgeschrittenen Alters Schwierigkeiten bereitete. Er bat also um eine Ausgabe in größerer Schrift und bekam diese. Schließlich kam er in Kontakt mit einem ausländischen Christen und schenkte den Aussagen der Bibel Glauben. So lernten wir ihn kennen, freuten uns über sein Bekenntnis zu Jesus Christus und hielten über viele Jahre guten Kontakt zu ihm und seiner Frau.

Inzwischen wohnt er mit ihr zusammen unten am Meer, wo wir ihn auch zeitweise besuchen. Er ist mit seinen inzwischen 91 Lebensjahren eine Respektsperson in der türkischen Gesellschaft. Als ich ihn einmal fragte, welche Probleme ihm als türkischen Christen entstehen könnten, antwortete er mir mit einem etwas verschmitzten Lächeln auf dem Gesicht: »Die können mir nichts...«

Ja, dies war eine der vielen Erinnerungen an unser kleines Häuschen mit dem schönen Vorhof in der Altstadt. Viele Stunden hatte ich am Anfang unserer Zeit hier mit türkischen Handwerkern verbracht.

Und nun saß ich am gleichen Ort als bald ausgewiesener Deutscher, der sich in mancherlei Hinsicht gut in die Stadt eingebracht hatte. Auch Hanna war gekommen und die Stunde des Abschieds auf zunächst unbestimmte Zeit nahte. Wir begannen unsere kleine Versammlung; jeder von uns hätte sich wahrscheinlich einen anderen Anlass gewünscht. Aber wir waren uns auch alle bewusst, dass letztlich der Herr selbst unsere Geschicke führte.

»Hat jemand von euch ein Wort der Ermutigung für mich?«, fragte ich in die Runde.

Vielleicht lag es an der allgemeinen Betretenheit, aber niemand äußerte sich. Einige blickten vor sich auf den Boden.

»Oder soll ich euch ermutigen?«, sprach ich weiter. Als auch darauf keine klare Reaktion kam, begann ich von den Eindrücken meiner Zeit in der Einsamkeit der letzten Tage zu erzählen. Ich berichtete von Esra, Nehemia, Daniel und Ester im Blick auf die Treue Gottes, die sie in einer anderen Kultur erfahren hatten. Ich sagte ihnen, wie mich dies ermutigt hatte. »Wir alle dürfen wissen, dass solche oder ähnliche Erfahrungen auch in unserem eigenen Leben möglich und real sind«, schloss ich.

Nun beteiligten sich auch andere am Gespräch und die Runde entwickelte sich zu einem ermutigenden Austausch für alle Beteiligten. Wenn wir es uns auch anders gewünscht hätten, die Umstände konnten uns nicht niederdrücken! »Nicht allein aber das, sondern wir rühmen uns auch der Bedrängnisse…«, heißt es im Römerbrief Kapitel 5 nach der Beschreibung des Friedens, den wir in Jesus Christus haben. Das Leiden gehört eben auch zur Nachfolge.

Einer der einheimischen Brüder, der sonst oft recht still wirkt, tat dann noch eine interessante Aussage: »Ich denke, dass das Fortsein von Hans nicht lange dauern wird. Es wird eher wie ein kurzer Urlaub sein…«

»Amen«, konnte ich dazu nur sagen. Unsere gewachsene Gemeinschaft und unsere Stadt und Provinz lagen mir schon am Herzen, merkte ich erneut.

»Wir müssen jetzt los«, sagte ein anderer Bruder, der mich zusammen mit seiner Frau zum Busbahnhof bringen wollte. »Sonst wird es knapp.«

Ich wand mich den Einzelnen zu und verabschiedete mich. Gott machte es mir an dieser Stelle leicht. Ich spürte keinen großen Schmerz und sollte vielleicht einfach ein Vorbild für die anderen sein. Ganz zum Schluss kam dann aber der Moment, vor dem ich zuvor besonders große Angst gehabt hatte: der Abschied auf unbestimmte Zeit von unserer Tochter und einzigem Kind. Eine letzte innige Umarmung. »Görüşürüz« – wir sehen uns.« Wann und wo wusste zu diesem Zeitpunkt keiner von uns beiden. Manchmal kann man sich eben nur in die Vaterarme Gottes fallen lassen, ohne Sicherung und doppelten Boden.

Durch die engen Straßen der Altstadt, die ich so oft schon selbst mit Besuchern gefahren war, ging es zügig hinab Richtung Zentrum. Wir schafften es über nun wieder breitere Straßen gut zum recht modernen Busbahnhof. Ein letzter Abschied auch hier und bald stand ich allein vor dem kleinen Bus, der mich zu meinem ersten Flug nach Istanbul bringen sollte. Von dort würde es mit Turkish Airlines weiter nach Friedrichshafen gehen, wo mich Renate mit einer Freundin abholen wollte. Aber bis dahin war es noch ein weiter Weg. Sorge machte mir das Wissen um zwei Polizeikontrollen unterwegs. Da ich die Frist überschritten und mich nicht bei der Polizei gemeldet hatte, könnte ich als »flüchtig« gemeldet worden sein. Abgelenkt wurde ich auf der Fahrt von zwei Videos, die Mahmut mir auf mein Handy schickte. Er hatte wie versprochen dem Video weitere Szenen hinzugefügt, die auf gute Weise unser Eingebettetsein in die Kultur zeigten. Auch Hannas Aufenthalt in Istanbul war zu sehen. Ich freute mich und überlegte bereits, wem ich diese Videos zukommen lassen würde.

Inzwischen passierten wir die erste Kontrolle – die Polizisten saßen gerade unweit der Hauptstraße beim Tee zusammen… Dann bogen wir auf die breite Straße ein, die uns zum Flughafen führen sollte. Auch hier schienen die Beamten eher gelangweilt, sodass sich der Bus ungehindert den Weg zu den Terminals bahnen konnte.

Vor dem Inlandflug gab es keine Passkontrolle und mir blieb noch einige Zeit bis zum Einchecken. Die nutze ich mit dem Versenden der Videos an viele Bekannte und Freunde im In- und Ausland. Ich wusste, dass viele weiter für uns beteten.

17

ISTANBUL AIRPORT, DIE ERSTE

Pünktlich kam ich in Istanbul an. Nun musste ich durch die Passkontrolle. Ich hatte keine Ahnung, was da auf mich zukommen würde. Es konnte alles sein – vom einfachen Durchgehen bis zur Inhaftierung. So machte ich mich auf den einsamen Weg ...

Bereits bei der ersten Kontrolle wurde ich abgewiesen! Der noch junge Beamte bedeutete mir, dass ich bei einer besonderen Stelle der Immigrationsbehörde vorstellig werden sollte. Dorthin war es ein längerer Weg und natürlich machte ich mir etliche Gedanken. Aber insgesamt war ich doch erstaunt, wie locker ich das hier annehmen konnte. Ich musste aus dem einen Gebäudetrakt hinaus in einen anderen. Unterwegs saßen an einer Stelle einige ärmlich aussehende Reisende vor einem türkischen Büro – sie warteten wohl auf eine wie auch immer geartete Abfertigung. »Hoffentlich geht es bei meiner Stelle anders zu«, dachte ich mir. Zwar hatte ich noch viele Stunden bis zu meinem Anschlussflug, aber ich war immer noch in Asien und viele Behördenmühlen mahlen langsam.

Es war bereits nach Mitternacht, als ich mich endlich meinem Ziel näherte. »Göç İdaresi« stand in großen Buchstaben über dem Schalter, der irgendetwas mit Visa zu tun haben schien. Jedenfalls steuerten auch andere Reisende diese Stelle an, mit Pässen oder deren Kopien in der Hand. Bald zeigte sich jedoch, dass mein Fall anders gelagert war ...

Zunächst war der junge Mann hinter dem langen Tresen unvoreingenommen freundlich. Ich plauderte mit ihm unter anderem über unsere kleine Farm im Südwesten des Landes. Plötzlich jedoch änderte sich der Gesichtsausdruck des Beamten und er wendete sich einem Kollegen zu: »Der hat einen N-Code«, sagte er leiser, aber für mich hörbar. »Was mache ich da?«, fragte er den wohl etwas erfahreneren Kollegen.

»Schau doch mal nach, für was der Code steht«, riet dieser. Das tat mein Gegenüber und meinte dann (in relativ lockerem Ton): »N 82 – jemand, der etwas getan hat, was die Sicherheit des Staates gefährdet …«

Das war nun gar keine gute Nachricht und ich versuchte bewusst, das Ganze auf kleiner Flamme zu halten. »Ich denke, ich weiß, worum es geht«, sagte ich. »Wir sind gläubige Menschen und leben das auch aus. Da haben wir schon früher mal Probleme gehabt«, fügte ich hinzu.

»Du musst die Kollegen von der Sicherheit anrufen«, meinte jetzt der andere Mann, war aber gleichzeitig beschäftigt mit irgendwelchen Visa-Angelegenheiten anderer Leute.

»Aber für das mit dem Glauben interessieren die sich nicht. Ich bin selbst Atheist, mich haben die noch nie was gefragt«, meinte er noch.

Was doch so alles mitten in der Nacht am Flughafen los ist … Irgendwie hatte ich inzwischen fast Gefallen an dem Miteinander mit den Männern hier.

»Ich kenn mich mit so etwas auch nicht aus. So ein Fall ist das erste Mal für mich«, meinte nun mein Gegenüber fast entschuldigend. Er machte sich daran, meinen Pass zu kopieren. Auch rief er bei einer besonderen Stelle an – der Sicherheitspolizei oder dem Geheimdienst? – und gab Buchstabe für Buchstabe meinen gesamten Namen durch. Die Gegenstelle schien weiter nach meiner Identität zu fragen, denn der Beamte vor mir meinte noch: »Yaşlı bir Alman« (ein alter Deutscher).

»Jetzt bin ich mit 58 Jahren schon alt«, dachte ich bei mir und flachste mit ihm über seine Aussage.

Er bedeutete mir zu warten. Immer noch kamen und gingen Menschen verschiedenster Nationalitäten mit ihren Pässen und deren Kopien. Die Zeit verstrich. Hin und wieder sprach ich mit dem jungen Mann über eher nebensächliche Sachen. Dann bot er mir sogar einen Tee an. Türkische Gastfreundschaft unter besonderen Umständen.

»Dauert es noch lange?«, fragte ich.

»Wir müssen auf den Rückruf warten«, hieß es und ich übte mich in Geduld. Wenig später bat mich der junge Mann, in der Nähe des Schalters auf einer Bank zu warten. Er würde mich rufen, wenn die Sache erledigt sei. Ich nahm Platz und betete.

Es ging jetzt bereits auf zwei Uhr morgens zu. Müde war ich gar nicht – verständlich. Ich wartete weiter, blieb im Gebet. Und dann tatsächlich – der junge Mann winkte mich herbei, hielt meinen Pass und das Flugticket in seinen Händen. »Alles erledigt und in Ordnung«, meinte er. Irgendwie erschien er selbst erleichtert.

Ich nahm meinen Pass und das Ticket entgegen. Auf Letzterem war ein deutlicher Vermerk. »N 82 Code bearbeitet«, stand dort zwar handschriftlich, aber klar. Durch die anderen Fälle, von denen ich gehört hatte, war eigentlich klar, was dies bedeuten musste: Einreisesperre! Nicht nur deswegen fragte ich den jungen Mann noch mehrmals, ob ich mit diesem Vermerk später wieder in die Türkei einreisen dürfe.

»Ja«, sagte er und wies auf meine vorläufige Aufenthaltserlaubnis hin, die ich ja damals in Muğla erhalten hatte. »Mit diesem Dokument können Sie im angezeigten Zeitraum so oft Sie wollen ein- und ausreisen«, sagte er bestimmt. Auch zwei Grenzbeamte an der sich anschließenden Passkontrolle meinten das Gleiche. Ohne Schwierigkeiten passierte ich sie und befand mich nun im Bereich der internationalen Abflüge. Jetzt konnte ich durchatmen.

Der Abflugbereich war für diese Zeit noch sehr belebt und gefüllt mit Menschen verschiedenster Kulturen. Mir kam der Gedanke, mein

Flugticket zu kopieren. Nur, einen Kopierer gab es in diesem Bereich des großen Flughafens nicht. Erst später kam ich darauf, dass ich das Ticket ja mit dem Handy abfotografieren könnte. Ja, hier zeigte sich dann doch mein fortgeschrittenes Alter. Das Ergebnis zeigt noch einmal deutlich den zugewiesenen Code:

Mir blieben damit noch einige Stunden in Asien. Zunächst schrieb ich Nachrichten an Renate (bis hierhin war es ja nicht sicher gewesen, ob ich überhaupt fliegen könnte) und viele betende Freunde. Wie erleichtert waren sie, als sie von mir hörten! Auch mir fiel eine Last ab, selbst wenn das mit dem Code ein Wermutstropfen war. Ich versuchte auf einer Bank etwas zu schlafen, was mit meiner Körpergröße von 1,89 m nicht einfach ist. Da ich nur mäßigen Erfolg hatte, schien mir ein kleiner Spaziergang durch die gut beleuchtete und mit vielen Markengeschäften versehene Halle die bessere Idee. Dabei entdeckte ich einen Gebetsraum, der für mehrere Glaubensrichtungen ausgewiesen war. Nach einer Gebetszeit hinterlegte ich dort noch ein kleines Kärtchen mit Hinweis auf den Weg zum »Cennet« (Paradies). Wenigstens auf diesem Wege konnte noch ein kleines Zeugnis des Lebens in der Türkei verbleiben…

Schon lange vor dem ersten Aufruf meines Fluges nach Friedrichshafen bewegte ich mich Richtung Schalter. Ohne weitere Komplikationen konnte ich einsteigen und bald sah ich aus dem Flugzeug die weiten Umrisse der türkischen Metropole. Auf das Schwarze

Meer und den europäischen Kontinent zuhaltend, gewann das Flugzeug rasch an Höhe und Geschwindigkeit. Vor wenigen Wochen noch waren wir als vereinte Familie auf unserer Farm gewesen. Und jetzt? Hanna in Fortsetzung ihres Studiums in Muğla; Renate zur Pflege ihrer schwer kranken Mutter in Österreich und ich ausgewiesen von der türkischen Regierung über den Wolken auf dem Weg in eine für mich noch sehr ungewisse Zukunft.

TEIL 3

WAS ER WILL!

18

DOCH NUR EIN INTERMEZZO ...

Die letzte Zeit in der Türkei und die Nacht am Flughafen hatten ihre Spuren hinterlassen. Jedenfalls muss ich in der Turkish-Airlines-Maschine zeitweise eingenickt sein. Schon bald änderte sich unter mir das Landschaftsbild. War es zuvor noch eher ungeregelt einfarbig, stachen nun die scharf umrissenen Felder des Alpenvorlandes hervor. Das Flugzeug ging jetzt spürbar in den Sinkflug und nahm Kurs Richtung Bodensee. Nachdem ich wieder Boden unter den Füßen hatte, dauerte es nicht mehr lange, bis ich mit meinen wenigen Habseligkeiten in der Sporttasche Renate draußen vor dem Ausgang begrüßen konnte.

Was hatte sich seit unserem Abschied damals auf dem Busbahnhof in Muğla nicht alles ereignet! Wir verließen den im Vergleich zu Istanbul fast familiär wirkenden Flughafen. Draußen wartete unsere gute Freundin Herlinde mit ihrem Auto. Wieder fand ich mich liegend auf der Rückbank; diesmal allerdings nicht auf der Flucht, sondern immer noch müde mit einigem Schlafdefizit. Unser Weg führte uns zunächst zum Pflegeheim von Renates Mutter, bevor wir im landschaftlich schönen Montafon übernachten würden. Ein erster Spaziergang war mir jetzt Balsam für die Seele und ich dankte dem Schöpfer mit Blick auf die majestätische Bergwelt für die Führung und Bewahrung in den letzten Tagen. Auch wurde mir wichtig, Gott für die hier vorhandenen Menschenrechte zu danken. Hatte ich das jemals zuvor getan? Ich glaube fast nicht.

Gutes Essen und ein tiefer Schlaf waren dann zusätzliche Therapeuten. Am nächsten Tag sollte es auf eine Wochenendfreizeit der Feldkircher Heimatgemeinde gehen, ebenfalls im Montafon, unweit von Schruns. Zuvor schrieb ich aber noch den betenden Freunden:

Ich bin gestern Gott sei Dank gut und wohlbehalten, wenn auch etwas müde, in Friedrichshafen gelandet und jetzt mit Renate bei einer Freundin im Montafon/Vorarlberg. Bei einem Gebetsspaziergang am Rand der hohen Berge habe ich gestern Gott für die Freiheit gedankt, hier seine Meinung sagen und den Glauben leben zu dürfen. Das sind Werte, die wir hier haben und auch behalten sollten!

Was die Ereignisse der letzten Tage betrifft, glaube ich, dass da noch viel mehr auf mich und uns zukommen wird. Ich will mich alsbald auch wieder in Kontakt mit Auswärtigem Amt, Konsulat, Botschaft etc. setzen. Auch eine gläubige Abgeordnete und Bereichssprecherin für Menschenrechte in Österreich hat sich sehr für uns eingesetzt.

Von der Türkei höre ich, dass immer mehr Menschen (wenn auch noch oft versteckt oder chiffriert) Dinge hinterfragen. Ich hatte eine sehr interessante Nacht auf dem Flughafen in Istanbul; habe durch meine guten Türkischkenntnisse einiges mitbekommen, was dort im Blick auf meine Person geredet wurde und gelaufen ist. Man hat mit meinen Personalien einen Code verbunden, der mich in die Kategorie eines Sicherheitsrisikos für das Land einordnet… Und das, wo die Türkei die Menschenrechte und damit auch das Recht auf Glaubensfreiheit unterschrieben hat…!

Unsere Freundin Herlinde setzte uns am nächsten Morgen im Hotel ab und schon war ich wieder in eine andere Welt eingetaucht: Freizeitatmosphäre, Gemeinschaft entspannter Christen, freudig umherlaufende Kinder. Doch das Thema für die nächsten Tage schaffte mir eine gute Brücke zur zuvor erlebten Wirklichkeit: »Anker im Sturm – Orientierungshilfen für stürmische Zeiten«.

Ehrlicherweise ging allerdings vieles von den Vorträgen an mir vorbei. Zu sehr war ich noch im eben Erlebten verhaftet, auch hatte ich noch viel Mailverkehr zu erledigen. Bei den Mahlzeiten konnten Renate und ich einiges von dem weitergeben, was uns beschäftigte; auch erzählte ich im Plenum von dem, was vorgefallen war. Mir war es dabei wichtig, die sendende Gemeinde mit einzubeziehen: »Nicht nur wir als Familie sind betroffen von meiner Ausweisung. Wir alle werden daran gehindert, unseren Auftrag zu tun und das Evangelium weiterzugeben.«

Bei einer anderen Gelegenheit sagte ich zeugnishaft: »Man könnte mich vor die Wahl stellen: zwei Wochen Malediven im 5-Sterne-Hotel mit allem, was dazugehört. Oder das gerade Erlebte in der Türkei mit Ausweisung, Flucht und Verstecken. Ich würde immer Letzteres wählen.« Das meinte ich auch so und wollte damit sagen, dass es ungleich besser ist, Erfahrungen mit Gott zu machen – auch in schwierigen Situationen –, als meine eigene Bequemlichkeit in den Vordergrund zu stellen. Die gleiche Aussage tat ich auch später in meiner deutschen Heimatgemeinde in Krefeld. Ja, wirklich, ich will diese Zeit nicht missen.

Schließlich gingen die Freizeittage zu Ende. Ein Ehepaar in Schruns hatte uns bereits zuvor angeboten, dass wir für ca. zehn Tage in ihrer kleinen Ferienwohnung sein könnten. Das alles hatten wir schon besprochen, bevor in der Türkei überhaupt von meiner Ausweisung die Rede gewesen war... Gott hatte auch hier vorgesorgt! Die nahe gelegene Wohnung war eine Wucht, mit Aussicht auf die nahen Alpen und viel Grün. Wir dankten Inge und Gerry für ihre Gastfreundschaft und wurden von ihnen zu einem kleinen Abendessen im Garten hinter ihrem Haus eingeladen. Christiane, die viel für uns gebetet hatte und im gleichen Ort lebt, kam hinzu. Bei spätsommerlichen Temperaturen saßen wir bei Käse und Rotwein zusammen. Wir reflektierten nochmals die Ereignisse in der Türkei, die jetzt schon so weit weg schienen. Aber bei mir waren sie immer noch sehr präsent.

Das merkte ich spätestens am nächsten Morgen. Früher als gewollt, war ich wach geworden und schon kreisten bei mir viele Gedanken, die mich wirklich runterzogen: Ich konnte mit dem Code de facto nicht mehr ins Land zurück, hatte dort aber mit meiner ganzen Familie meinen Lebensmittelpunkt. Haus, Farm, unser Oldie-Mobil, die Gästehäuser – alles war dort und mir nicht mehr zugänglich. Und viel wichtiger noch als diese Dinge: Unser einziges Kind war nun allein auf einem anderen Kontinent... Auch Renate konnte mich nicht auf andere Gedanken bringen, wie es ihr sonst oft gelingt. Und selbst Gottes Wort und Gebet halfen wenig, ich war einfach richtig tief unten. Nach dem Abendessen versuchte ich dann noch über eine Webseite einen Antrag auf ein besonderes Visum für die Türkei zu stellen. Einer der anderen Ausgewiesenen hatte mich auf diese Möglichkeit hingewiesen. Ich kam jedoch immer nur bis zu einem gewissen Punkt, dann stürzte das System ab. Allerdings sollte man dem Antrag ohnehin unter anderem eine Flugreservierung und abgeschlossene Reiseversicherung hinzufügen. Auch musste man persönlich vorstellig werden und zuvor zwingend einen Termin über das abstürzende System machen... Ich fühlte mich gar nicht gut – irgendwie hilflos und ausgestoßen aus meinem bisherigen so geliebten Lebensumfeld.

Auch die zweite Nacht endete früher als gewollt. Ich machte mich auf den Weg in den unteren Stock und kniete mich zum Gebet hin. Dass Gott sich um mich kümmerte, bezweifelte ich nicht. Es war nur so schwierig für mich, rein gar nichts in dieser Situation tun zu können. Jemand hatte mir zuvor Folgendes geschrieben:

Lieber Hans-Jürgen,

danke für die Info. Ja, das sind spannende Tage und wir beten, dass ihr als Familie getragen seid durch Gottes Treue, Gnade und Kraft. Selbst in Zeiten, wie ihr sie erlebt, dürft ihr sicher sein, dass unserem Herrn nichts aus der Hand gleitet, auch wenn wir seine Wege nicht verstehen. Wir haben dies in einem anderen Land im Jahre 1972 erlebt und dann im Rückblick die Fügung und Führung Gottes erfahren, denn wir waren dann in spannenden Zeiten bis 1980 im Nachbarland Afghanistan tätig.

Es gibt von F. A. Cockin eine Übersetzung von Philipper 4,6-7, die auf Deutsch etwa so lautet: »Ängstigt euch nicht, sondern sagt Gott im Gebet einfach, was ihr wollt, und dankt ihm für das, was er euch schon gegeben hat. Und sein Friede, der Friede, der viel besser als all unser sorgfältiges Planen ist, wird eure Herzen und Gedanken mit dem Schutz Christi besetzen.«

»Ängstigt euch nicht ...« Sollte das die Lösung sein? Ich wollte jetzt einfach mal raus, mich bewegen, an die frische Luft, Sport machen. Seit Tagen hatte ich vor allem Zeit im Sitzen, Gehen oder Stehen verbracht. Eine richtige Ausrüstung hatte ich nicht, aber zumindest eine Trainingshose und ältere Sportschuhe. Damit lief ich raus Richtung Bach und dann ins Tal. Die Bewegung zwischendurch tat gut und bald belebte mich die frische Luft. Ich überquerte die Hauptstraße und lief weiter das Tal hinunter. Plötzlich, und ich denke es war wirklich Gott, kam mir ein Gedanke, der mich zunehmend mit Freude füllte: Ich hatte ja noch den Rückflug ...

Ja, wirklich. Damals, als von Ausweisung noch nicht die Rede gewesen war, hatte ich Hin- und Rückflug von Bodrum nach Friedrichshafen über Istanbul gebucht. Der Rückflug war in ca. zehn Tagen und ich hatte ihn nie storniert. Vielleicht könnte man ihn auf einen späteren Zeitpunkt umbuchen? Das würde den deutschen Regierungsstellen, die ich ob der erfahrenen Ungerechtigkeit weiter anschreiben wollte, etwas Zeit geben zu intervenieren, und mir Luft, mögliche Reaktionen abzuwarten. Ich kam wirklich verändert vom Joggen zurück und in den folgenden Tagen tat ich einiges, um von Regierungsseite aus Dinge in Bewegung zu bringen.

Auch die Internationale Gesellschaft für Menschenrechte IGFM wollte sich für uns und die anderen durch Ausweisungen betroffenen Familien einsetzen und sprach bereits von einer möglichen Pressekonferenz in Berlin. Man bat mich als Betroffenen, dort vor den

Journalisten zu sprechen, was ich auch zusagte. Weiterhin wollte ich eine solche Ungerechtigkeit nicht einfach so hinnehmen. Nicht lange brauchte ich für einen Brief an die deutsche Bundeskanzlerin. Unter anderem schrieb ich:

… annulieren die türkischen Behörden derzeit die Aufenthaltserlaubnisse zahlreicher Mitarbeiter christlicher Gemeinden im Land und erzwingen so de facto eine Ausweisung der betroffenen Personen und ggf. Familienangehörigen.

Für meine Familie bedeutet dies gegenwärtig den Entzug unserer Existenzberechtigung in der Türkei. Wir besitzen dort ein Haus und eine Farm; ich bin nach türkischem Recht Rentner und meine gesamte Familie ist über mich versichert. Nachdem eine Zwangsdeportation drohte, sah ich mich gezwungen, am 12. September nach Deutschland auszureisen, und halte mich zusammen mit meiner (österreichischen) Frau derzeit in Vorarlberg auf. Unsere Tochter Hanna ist als einzige Familienangehörige nun in einem anderen Land und Kontinent; studiert im letzten Jahr an der Universität Muğla Englisch und Erziehungswissenschaften.

Das Verhalten der türkischen Behörden, das offensichtlich auf höheren Regierungsbeschlüssen beruht, ist völlig unakzeptabel, verstößt gegen die Menschenrechte und betrifft deutsche Staatsangehörige, die zum Teil bereits seit Jahrzehnten in der Türkei leben und in christlichen Gemeinden mitarbeiten.

Frau Dr. Merkel, ich bitte Sie als Bundeskanzlerin und Bundesregierung auf höchster Ebene diesem (sich wahrscheinlich noch ausweitendem) Konflikt zu begegnen und zeitnah die türkische Regierung zum Einlenken zu bewegen. Ich denke persönlich, dass die türkische Seite sich zu diesem Zeitpunkt noch bewegen könnte.

Konkret erwarte ich die zeitnahe Wiedererteilung meiner Aufenthaltserlaubnis und die Rücknahme des mit meinen Personalien ver-

bundenen Codes, der mir eine Rückkehr in die Türkei und damit auch zu meiner Tochter (unserem einzigen Kind) fast unmöglich macht...

Wie auch andere Briefe an relevante Stellen versandte ich diesen an Frau Dr. Merkel per Mail und erhoffte mir eine baldige Antwort. Als sie kam, war sie eher oberflächlicher Natur und wies nicht auf zeitnahe, konkrete Schritte hin. Bereits zuvor hatte sich bei mir auch der Beauftrage der Bundesregierung für weltweite Religionsfreiheit gemeldet. Auch er bedauerte unsere schwierige Situation. Weiterhin schrieben mir viele Mitchristen in dieser besonderen Zeit. Eine Bekannte äußerte einen Aspekt, den ich auch schon bewegt hatte:

Als ich diese Woche eine Gebetszeit für euch und allgemein die Lage hatte, kamen mir die folgenden Worte in den Sinn:
»Man füllt auch nicht neuen Wein in alte Schläuche; sonst zerreißen die Schläuche und der Wein wird verschüttet und die Schläuche verderben. Sondern man füllt neuen Wein in neue Schläuche, so bleiben beide miteinander erhalten« (Matthäus 9,17).
Ich habe schon seit letztem Jahr den Eindruck, dass eine neue Zeit kommt, in der Gott vor allem die einheimische Gemeinde beauftragen, ausrüsten und ihr Verantwortung übertragen möchte. Auch wenn wir oft überzeugt sind, es ist noch nicht so weit – vielleicht sieht Gott es anders. Ansonsten würde er, glaube ich, die momentane Situation nicht zulassen. Wir erleben den Wechsel beim BCC (Anm.: Bibel-Korrespondenzkurs in der Türkei) auch sehr stark und hautnah mit. Bei uns in der Organisation haben wir nur noch neun Leute, die seit mehr als zwanzig Jahren da sind... Wenn eine neue Zeit kommt, braucht es eventuell neue Schläuche, damit Gottes Pläne in Erfüllung gehen können.

Sollte der Herr einen weitaus größeren Plan mit den Ausweisungen haben, als wir uns jetzt vorstellen konnten? Seine Gedanken sind ja weit höher als die unsrigen …

Andere Bekannte stellten durchaus mit Recht die Frage, was wohl passieren würde, wenn solches Unrecht umgekehrt in Deutschland geschehen würde. Wie würde da wohl die Reaktion der Gegenseite ausfallen?

Mit Interesse, Sympathie und Sorge für dich und deine Familie haben wir deine Nachrichten über die traurige und bedrohliche Lage verfolgt, in die euch der Staat gebracht hat. Nicht auszudenken, was in dem Land, in dem man dir zu leben verbietet, los wäre, würden in deiner oder Renates Heimat Moscheenmitarbeiter als Gefährder der inneren Ordnung mir nichts, dir nichts aus ihrem Gastland rausgeworfen werden! Gisela und ich sind im Gebet bei euch und wünschen euch die Erfahrung, in der großen Familie Gottes gut aufgehoben zu sein, bei dem ihr eine neue »Heimat« habt (Philipper 3,20, Fußnote 49 in der Elberfelder Bibel: »Staat, worin man ein Bürgerrecht hat«) – und dies vom ersten Tag eures »neuen Lebens in Christus« an. Und dass ihr Geborgenheit erfahrt in der »Hand« (biblisch für »Macht«) unseres himmlischen Staats-Chefs, dem alle Gewalt gegeben ist im Himmel und auf Erden. Hanna ist, auch ohne ihre Eltern an der Seite, in Muğla nicht allein! Sie lebt unter dem Schutz eines starken Vaters, eines liebevollen Sohnes und des Geistes, der sich als Anwalt für sie einsetzt. Seid gewiss: Dieser Eine hat einen guten Weg für euch alle.

Mich freute sehr, dass wohl viele unserer Mitstreiter im Gebet auch an Hanna dachten, die ja jetzt das einzige Familienmitglied in der Türkei war. Einige schrieben ihr auch direkt, so zum Beispiel ein anderes Missionarskind:

Ich weiß, als Missionarskind geht man leicht unter, da für Unterstützer und Organisationen meist die Eltern und deren Erlebnisse und Bedürfnisse im Vordergrund stehen. Ich habe mich darüber nie beklagt, fand das immer auch sehr verständlich, aber je älter ich werde, desto mehr merke ich doch, dass mein Erleben sich in vielen Dingen nicht mit dem meiner Eltern deckt. Und das ist bei dir in der jetzigen Situation ja auch so: Du bist nicht diejenige, die ihre Heimat verlassen musste. Aber du wurdest von deiner Familie getrennt und hast nun vielleicht auch das Gefühl, den Laden »alleine schmeißen« zu müssen. Bestimmt war die Behandlung deiner Familie durch die Behörden für dich auch ein großer Schock, denn du hast fast dein ganzes Leben in diesem wunderschönen Land verbracht und fühlst dich vermutlich mehr als Türkin als als Mitteleuropäerin. Von seinen eigenen Leuten so behandelt zu werden, macht traurig und wütend.

Ich weiß natürlich nicht, wie es in dir drinnen aussieht, aber ich bete, dass du dich in Gott ganz geborgen, geliebt und gehalten fühlst und dass kein einziger Keim von Hass oder Bitterkeit in deinem Herzen aufgehen darf. (Ich weiß, ich hätte bestimmt damit zu kämpfen.) Möge Gott dir seine Liebe und Vergebung schenken und deinen Blick von der jetzigen Situation auf seinen ewigen Plan lenken. Ich weiß nicht, warum er das alles zugelassen hat, aber ich weiß, dass es nicht hätte passieren können, wenn er es nicht getan hätte. Somit muss es im Letzten dir, deinen Eltern und auch dem Land, dem ihr so voller Liebe und Treue dient, zum Segen werden. Wie auch immer! Das ist Gottes Sache und ich bin schon gespannt, wenn wir in ein paar Jahren (oder allerspätestens im Himmel ;-)) zusammensitzen und zurückschauen und sagen werden: »Unglaublich was Gott daraus gemacht hat! Es war jede Mühe und Träne wert!«

Der Artikel der zuvor erwähnten amerikanischen Journalistin, die extra nach Muğla gekommen war, erschien ebenfalls in diesen Tagen. Und ein amerikanisches Ehepaar, das aus ähnlichen Gründen bereits vor 50 Jahren deportiert worden war, schrieb mir relativ impulsiv im Blick auf das oft mangelnde politische Interesse an solchen Fällen:

Es scheint, dass alle Regierungen heute irgendwie vor der türkischen Regierung »in die Knie« gehen wollen (auch die USA)! Warum können sie nicht wenigstens höflich Stellung beziehen und Nein sagen? Sollte es in einer zivilisierten Welt nicht so zugehen? Ach, ich glaube, das musste einfach mal raus. (Das einzige aktuelle Beispiel, wo es anders lief, war, als Mr Trump Andrew Brunson freibekommen hat, auch wenn er die Türkei dafür mit schweren Zöllen belegen musste. Aber das ist eine andere Geschichte.)

Unsere Herzen sind mit euch, Hans-Jürgen. Wie du weißt, wurden wir vor fünfzig Jahren genauso oder so ähnlich behandelt – hochkant rausgeworfen, in Handschellen. Aber Jesus sagte, dass es so sein würde. Und Hebräer 10,34: »Denn ihr habt ... den Raub eurer Güter mit Freuden erduldet« etc.

Also freut euch im Herrn und seid fröhlich, dass ihr für würdig gehalten werdet, in seinem Namen zu leiden.

Während all der hin- und hergehenden Korrespondenz neigten sich unsere zehn Tage in der schönen Ferienwohnung langsam dem Ende zu. Ich wollte versuchen, meinen bereits gebuchten Rückflug um ca. ein bis zwei Wochen nach hinten zu verschieben. Das würde u. a. der deutschen Regierung etwas mehr Zeit zu handeln geben und mir für die Vorbereitung. Doch nach Schilderung meines Anliegens und einigen Nachfragen bei der Airline bekam ich nur zur Antwort: »Bei Ihrem Tarif ist es uns leider nicht möglich, eine Umbuchung vorzunehmen. Sie können nur einen neuen Flug buchen. Wir leiten Sie gerne zu unserer Verkaufsabteilung weiter ...«

Nun, so unbedingt wollte ich das Fluggeschäft auch nicht fördern. Ich lehnte vorerst dankend ab. Eigentlich war damit entschieden, dass ich es wagen würde. Das bedeutete, dass es bereits in weniger als zwei Tagen wieder in Richtung Türkei gehen würde.

Zwar war ich mir dessen bewusst, dass eine erneute Einreise durch den mir zugewiesenen Code problematisch werden konnte, andererseits hatten die meist jungen Beamten bei meiner Ausreise einhellig gemeint, dass ich bei einer späteren Einreise keine Schwierigkeiten zu erwarten hätte. Auch war ja durch meine vorige Ausreise aus dem Land für die lokalen Behörden der Fall erst mal erledigt. Einen Versuch war es mir jedenfalls wert, zudem hatte ich ja vor der Ausreise nun wirklich nicht viele Dinge mit auf die Reise nehmen können…

Ich befand mich fortan in Gedanken oft vor dem Schalter der Grenzbeamten und überlegte mir Argumente, um die spätestens wahrscheinlich dann auftretenden »grauen Männer« davon zu überzeugen, mich ins Land zu lassen. Da ich damit rechnen musste, dass mir der Laptop von den Beamten abgenommen werden würde, würde ich ihn zurücklassen. Deshalb bemühte ich mich fast bis zur letzten Stunde, meinen Schriftverkehr gut abzuschließen. Ein vorerst letztes Mal schrieb ich den treu betenden Freunden:

… danke für so viel Anteilnahme in den letzten Tagen und Wochen! Inzwischen erreichen uns auch erste Reaktionen aus der Politik. Aber letztlich muss der Herr selbst helfen, das ist klar.

Auch hörten wir von einem Fall, wo eine andere Familie aus der Türkei ausgewiesen wurde; wir müssen annehmen, dass es auch weitere Mitarbeiter christlicher Gemeinden treffen wird.

Ich selbst habe ja vor all diesen Ereignissen bereits meinen Rückflug gebucht. Und so will ich am Mittwochabend versuchen, zumindest kurzzeitig ins Land einzureisen und manches zu regeln etc.

Bei der Ausreise haben mir drei verschiedene Beamte gesagt, ich könne wieder einreisen, aber die Erfahrungen anderer waren anders… Das liegt eben an dem Code, den man auch mit mir verbunden und sogar (wohl unvorsichtigerweise) auf mein Ticket geschrieben hat.

So denkt bitte am Mittwoch (oder auch zuvor) an mich und betet um Gottes Führung in dem; er kann Dinge möglich machen!

Renate und Hanna sind soweit wohlauf. Für uns alle ist es weiterhin eine sehr besondere Zeit…

Erneut packte ich meine mir nun schon so vertraute Sporttasche – allerdings nicht, um diese mitzunehmen, sondern um meine Sachen in ihr zu deponieren. Zusammen mit Freunden erreichten wir gut Friedrichshafen. Mir war bewusst, dass ich den letzten Teil dieser gewagten Reise allein tun musste. Und wieder ein Abschied von Renate. Für wie lange, wussten wir beide nicht. »Der Herr weiß …« – wie oft hatten wir dies einander in den letzten Wochen zugesprochen. Erneut hob die Turkish-Airlines-Maschine ab, nur diesmal in entgegengesetzte Richtung. Ich verließ das Land der klar abgegrenzten Felder und Konturen und steuerte auf eine für mich vollkommen ungewisse Zukunft in Asien zu…

19

ISTANBUL AIRPORT, DIE ZWEITE

Der Rückflug kam mir länger vor als der Hinflug vor zwei Wochen. Die Strecke war zwar die gleiche, jedoch war ich innerlich ziemlich unruhig und angespannt. Immer wieder malte ich mir mögliche Szenarien aus. Dass sie mich einfach ins Land ließen, konnte ich mir eigentlich nicht vorstellen. Diesbezüglich sprachen der mir erteilte Code und die Erfahrungen der anderen Mitarbeiter eine zu deutliche Sprache. Ob und wie ich mit den Sicherheitsbeamten argumentieren können würde, war nicht klar. Einer der anderen deutschen Ausgewiesenen hatte am Flughafen die Erfahrung gemacht, dass man ihn für ca. acht Stunden mit einigen Afrikanern zusammen in einen Arrest steckte, bevor er nach Deutschland zurückgeschickt wurde. Das waren Aussichten…

Das Flugzeug war nur ca. zur Hälfte mit Reisenden gefüllt, ich schaute mich um. Wie glücklich waren doch diese Menschen, die gleich ohne Zweifel und Bangen ihren Einreisestempel für die Türkei erhalten würden… Früher war mir das auch so selbstverständlich gewesen – es schien lange her.

Wir näherten uns Asien, das Flugzeug ging in den Sinkflug. Bei mir allerdings sank nicht, sondern stieg die Spannung; in den nächsten zwei Stunden würde sich einiges Wichtige für mich und meine Familie entscheiden.

Die Landung war sanft und nach erstem Bodenkontakt suchte unsere Maschine sich langsam den Weg zur endgültigen Parkposition. Ich blickte vom Fenster aus auf den großen Flughafen und sah Service-Fahrzeuge emsig hin und her fahren. Vor unserer Gangway stand bereits eine fahrbare Treppe bereit und die Stewardess am

Eingang wünschte mir beim Verlassen des Flugzeugs einen guten Abend. Sie hatte ja keine Ahnung, wie es in mir aussah. Mit den anderen Reisenden wurde ich von einem der bereitstehenden Busse zum Terminal gefahren.

Auch diesmal war es bereits dunkel und zur vorgerückten Stunde. Noch vor Mitternacht erreichten wir das eigentliche Flughafengebäude. Vor mir lag nun ein weiter Weg von den internationalen Ankünften zu den nationalen Anschlussflügen. Erst kurz davor würde die Passkontrolle stattfinden. In Gedanken ging ich noch einmal die möglichen Szenarien durch. Einige evtl. hilfreiche Dokumente führte ich in meinem kleinen Rucksack mit. Hannas Studienbescheinigung könnte ein Argument sein; schließlich war unser einziges Kind allein im Land. Auch die Aussagen der drei Beamten bei der Ausreise vor zwei Wochen könnten helfen, obwohl sie vermutlich nicht richtig informiert waren. Aber schließlich hatten sie es gesagt und ich konnte mich darauf berufen. Vielleicht gab es ja auch hier in Istanbul Sicherheitsbeamte mit Herz? Mit all diesen Gedanken im Kopf bewegte ich mich Meter um Meter in der riesigen Halle vorwärts. Der neue Flughafen in Istanbul zählt ja zu den größten der Welt und soll in Zukunft eine Drehscheibe für den Luftverkehr in den Orient werden. Insgesamt brauchte ich vielleicht eine Viertelstunde, aber sie kam mir sehr, sehr lange vor.

Die Schalter der Passkontrolle tauchten vor mir auf. Der große Moment war gekommen. Auch jetzt, kurz vor Mitternacht, waren noch mehrere Schalter geöffnet. Manche Beamte sahen müde aus und einen, der besonders auffällig vor sich hingähnte, wählte ich aus. Noch einmal tief Luft holend und intensiv betend ging ich auf den jungen Mann zu, wünschte ihm einen guten Abend. Er nahm meinen deutschen Reisepass und das Ticket für den Anschlussflug entgegen. Nach dem digitalen Check des Passes sah er mich etwas fragend an und bat um die Aufenthaltserlaubnis. Ich gab ihm meine inzwischen ja abgelaufene Identitätskarte und anschließend auch die vorläufige Aufenthaltserlaubnis für die nächsten zwei Jahre.

Der Beamte meinte nach Sichtung dieser Dokumente, dass ich zur Polizeistelle vor den Schaltern gehen solle. Das aber war erstens nicht unbedingt das, was ich wollte, zweitens konnte ich eine solche Stelle mit Polizisten in der Nähe gar nicht ausmachen. Ich wandte mich daher einem zweiten Bereich mit Schaltern für die Passkontrolle zu. An einem saß ein junger Mann, der nicht viel zu tun hatte. Ich entschied mich, diesen anzusteuern, erneut mit Herzklopfen und im Gebet.

»Ach, nach Bodrum soll es gehen!« (Bodrum ist ein in der Türkei sehr bekannter und auch von vielen Einheimischen geliebter Touristenort.) Er griff zum Telefonhörer und rief irgendeine Stelle im Blick auf meine Aufenthaltserlaubnis an ... Das Ergebnis schien positiv auszufallen, denn inzwischen schwebte der Einreisestempel schon über meinem Pass.

Ich konnte kaum glauben, was sich vor meinen Augen abspielte. Nun begleitete ich wirklich jede Bewegung des Beamten im Gebet. Kurz schien er noch zu zögern, drückte dann jedoch den ersehnten Stempel kräftig in meinen Pass hinein.

Innerlich jubelte ich, raffte schnell meine Papiere zusammen und verließ mit Dank den Schalter. Auf dem Weg zum unteren Stock (hier befanden sich die Check-in-Schalter für die Anschlussflüge) packte ich alle Unterlagen schnell in meinen Rucksack. Unten angekommen, setzte ich mich kurz und warf einen Blick in meinen Reisepass. Da war gut leserlich der Stempel: »September 2019 Istanbul Flughafen – Einreise.« Halleluja! Schnell öffnete ich meinen türkischen Mobilfunkzugang und rief Hanna an. »Hanna, ein Wunder, ein Wunder!«, konnte ich nur sagen. »Da hat Gott definitiv nachgeholfen«, fügte ich hinzu. »Jetzt kommt nur noch der Anschlussflug und ich bin bei dir.«

»Versteck dich auf der Toilette«, meinte Hanna, die manchmal sehr praktisch sein kann. Sie hatte nicht unrecht, denn wir hatten von einem anderen Ausgewiesenen gehört, der zunächst durch die Kontrolle gelassen worden war. Danach aber hatte der Beamte seinen Fehler bemerkt und war ihm nachgelaufen. Bis zu meinem Anschlussflug waren es noch mehrere Stunden... Ich entschied mich, in einer etwas verdeckten Sitzgruppe Platz zu nehmen, und zog meinen roten Pullover aus. Der war jetzt zu auffällig, dachte ich, ohnehin gab es hier ja nicht viele so große Menschen wie mich. Anschließend begann ich eine Info an Renate und die betenden Freunde zu schicken. Die Wartezeit bis zum Anschluss fiel mir jetzt nicht mehr so schwer, nun überwog ja die Vorfreude.

Es wurde früher Morgen. Nach dem Aufruf des Fluges stellte ich mich hinter die anderen Wartenden. Die Kontrolle des Tickets würde mir noch zum Verhängnis werden können, wenn der Fehler aufgefallen wäre. Aber auch das ging gut. Ich saß im Flugzeug nach Bodrum. Wie konnte das sein? Es war für mich wie im Traum. »Dann wird unser Mund voll Lachens und unsere Zunge voll Rühmens...« (Psalm 126,2).

Die Maschine hob ab. Immer wieder dankte ich Gott innerlich. Mit dem Handy machte ich ein Foto von der nächtlichen Großstadt unter mir. Das durch die Stewardess gereichte Sandwich schmeckte mir richtig gut. Nur kurz waren wir in der Luft, aber diesmal brauchte es wegen des Nebels über Bodrum zwei Landeanflüge, bevor unsere Boeing Kontakt mit dem Boden aufnahm. Zwischendurch hatten wir Blick auf die umliegenden kleinen griechischen Inseln. So nah sind sich hier Europa und Asien.

Obwohl es Nacht war, war es in Bodrum ziemlich warm. Leider gab es zu dieser Uhrzeit keinen Bus mehr nach Muğla. Einer der Taxifahrer machte einen Sonderpreis für die ca. einstündige Fahrt. Und dann hatte ich es endlich geschafft: Ich stand vor unserem Haus.

Unser Oldie-Mobil hatte ich bereits beim Einfahren in unsere kleine Siedlung auf der Rückseite stehen gesehen. Alles war so vertraut, fast unwirklich. Zwei Wochen nur lagen zwischen der erzwungenen Aus- und der wundersamen Einreise. Hanna hatte in diesen zwei Wochen meist in unserem Haus gewohnt, die Stellung gehalten und stand auch weiter mit unseren Nachbarn in gutem Kontakt. Mein Schlüssel war etwas von dem wenigen, was ich von Österreich mitgenommen hatte. Ja, etwas Glauben hatte ich doch gehabt … Aber dass es so gehen würde, hätte ich einfach nicht für möglich gehalten. Gott ist ein Gott, der auch heute noch Wunder tut und für seine Kinder sorgt! Ich drehte den Schlüssel im Schloss; alles blieb still im Haus. Unsere Tochter schlief wohl einen guten Schlaf – sie konnte manchmal so wunderbar nüchtern sein … Aber dann lagen wir uns wenig später doch in den Armen. Kurz räumte ich noch meine Sachen weg, dann suchte ich mein Bett auf. Ein paar Stunden Schlaf würden mir guttun. Was für eine Nacht! Und was für ein Gott!

Nach einem gemeinsamen Frühstück und kurzem Austausch musste Hanna zur Uni (das neue Semester hatte inzwischen angefangen). Mir blieb Zeit für einige Erledigungen, zum Beispiel musste ich in der Stadt das Guthaben meines Handys aufladen. Einer meiner ersten Anrufe ging dann zu Cüneyt Bey, meinem Anwalt.

»Hans-Jürgen …?«, hörte ich es am anderen Ende fast ungläubig fragen.

»Viele Grüße aus unserem Haus«, antwortete ich fröhlich.

»Das hätte ich nie für möglich gehalten«, entgegnete der Anwalt und wollte dann wissen: »Und das mit der Polizei?«

Wir hielten es beide für besser, das Weitere persönlich und nicht telefonisch zu besprechen und machten einen Treffpunkt aus.

Ein weiterer, für mich wichtiger Gang führte mich ins nahegelegene Schwimmbad. Wegen meiner Rückenschmerzen, besonders nach langem Sitzen in beengter Umgebung (zum Beispiel in

Flugzeugen) ist Schwimmen für mich eine sehr wichtige Therapie. Vor einigen Jahren hatte Renate, die öfter mit mir litt, dafür gebetet, dass man doch in unserer Nähe ein Schwimmbad bauen solle. Heute steht ein solches nur ca. zwei Gehminuten von uns! Schon am nächsten Tag fand ich mich im für mich wichtigen Nass wieder.

Auch die gemeinsame Bibel- und Gebetsstunde unserer kleinen Gemeinde stand für den Abend an. Die anderen wussten noch nichts von meiner Rückkehr. Als ich mit Hanna zusammen reinkam, waren die meisten bereits da und reagierten sehr erstaunt und erfreut darauf, mich zu sehen. Besonders Fatma konnte nicht an sich halten und – völlig untypisch für eine Frau in der Türkei – lief zu mir und umarmte mich herzlich und heftig. Ja, das war Freude pur. Alle wollten natürlich wissen, wie ich ins Land zurückgekommen war, aber ich konnte die berechtigten Anfragen nicht wirklich beantworten. »Ich weiß es nicht – ich kann es einfach nicht erklären«, sagte ich immer wieder und verwies dann auf die Größe Gottes.

Auch meinem Anwalt konnte ich keine andere Auskunft geben und fügte der obigen »Erklärung« nur noch hinzu, dass viele für meine Einreise gebetet hätten. »Bete auch für mich«, sagte Cüneyt Bey später. Und ich glaube, er meinte es auch so …

20

DA UND DOCH NICHT

In den folgenden Tagen nahm ich nach und nach mein Leben in unserer Stadt wieder auf. Anfangs noch recht zaghaft, verstärkte ich bald auch meine sichtbare Präsenz im öffentlichen Leben. Da ich als Deutscher doch recht bekannt war, blieb dies natürlich nicht verborgen. Ich konnte aber keine verdächtigen Bewegungen um unser Haus wahrnehmen. Einzig beim Schwimmen sah einer der Mitschwimmer mich auf dem Weg zur Dusche sehr intensiv an und sprach gleich danach jemand anderen an. Es ging dabei ganz offensichtlich um meine Person. Beide Männer blickten dann zu mir. Ich entschied mich, in die Offensive zu gehen, und wandte mich unter einem Vorwand einem der beiden zu. Der schien nicht damit gerechnet zu haben, denn er stotterte nur kurz etwas und wandte sich dann wieder seinem Bekannten zu. Bei meinen weiteren Schwimmeinheiten ging ich diesem Mann in den nächsten Wochen aus dem Weg. Ansonsten jedoch schienen unsere Bekannten in der Stadt oder im Dorf immer recht erfreut, mich wieder zu sehen. Einige wollten wissen, was eigentlich vorgefallen war, und ich versuchte es möglichst wenig dramatisch wiederzugeben. Das Leben und auch die Gemeinde in Muğla hatten mich jedenfalls wieder.

Bald fuhren Hanna und ich auch zu den auf der Farm relativ verwaisten, aber in der Zwischenzeit durch helfende Hände gefütterten Hühnern und deren Küken. Sie hatten mich ja in der schweren Zeit zuvor immer wieder gut von allen Belastungen abgelenkt und waren fast zu Freunden geworden. Leider jedoch machte sich gerade in diesen Tagen wahrscheinlich ein Marder über die Küken her, wir fanden sie an einem Morgen zum Teil tot am Boden liegend.

Mit Mareike stieß im Oktober jemand zu uns, den wir über die Organisation »Co-Workers International« bereits vor vielen Monaten kennengelernt hatten. Mareike hatte in Deutschland auf Lehramt studiert und wollte die Wartezeit vor dem Referendariat für das Reich Gottes einsetzen. Unsere Absprachen hatten lange vor meiner Ausweisung stattgefunden und Mareike hatte daraufhin den Flug zu uns gebucht. Sie war vom ersten Augenblick unseres persönlichen Kennenlernens ein Segen für uns und besonders für Hanna eine äußerst wertvolle Ergänzung. Mit unserem alten Wohnmobil nahmen wir sie am alten Busbahnhof in Empfang und luden sie trotz später Stunde noch in ein Lokanta ein. Die beiden fast gleichaltrigen Mädchen verstanden sich gut und dann in Zukunft immer besser. Was für ein Geschenk!

Mareike brachte sich in den nächsten Tagen und Wochen mit ihrer praktischen und positiven Art gut in unsere Familie, die Arbeit vor Ort und auch die christliche Gemeinde ein. Auch für sie selbst war es eine wertvolle Zeit mit manch guten Einblicken in die Türkei, Asien und ansatzweise auch den Orient. Wir hatten ja früher auch schon etliche Kurzzeitler bei uns gehabt. Muğla ist da ein sehr geeignetes Feld – noch ziemlich westlich orientiert und doch schon nah dran an Asien und dem Orient.

Endlich kam auch für Renate der Tag ihrer Rückkehr nach Muğla. Ihrer Mutter in Österreich ging es etwas besser, sie war wieder in ihrem vertrauten Pflegeheim und Renate hatte ihr erklärt, dass sie für kurze Zeit zu mir in die Türkei gehen würde. Da das Gericht ja nicht gerade schnell arbeitete und eine erneute Aufenthaltserlaubnis zunächst nicht in Aussicht stand, wollten Renate und ich manche Dinge in den bevorstehenden Tagen vor Ort regeln und dann zumindest für eine Zeit wieder gemeinsam zurück nach Österreich. Erneut führte uns der Weg zum alten Busbahnhof und jetzt waren wir als Familie nach langer Zeit wieder einmal komplett. Zwar wollten wir angesichts meiner halb geduldeten Identität und auch im Blick auf Renates Mutter nicht zu lange bleiben, hatten aber noch keinen konkreten Termin für den Rückflug. Anfangs überlegten wir, viele unserer Sachen zu packen und mit unserem alten Wohnmobil erneut den Weg nach Europa zu wagen. Davon nahmen wir jedoch später Abstand; auch deswegen, weil der Gesundheitszustand der Mutter sich verschlechtert hatte und eine Fahrt mit dem LT zu lange gedauert hätte.

Später fragten wir uns allerdings ob ich denn überhaupt noch einmal eine Ausreise wagen sollte? Eine durchaus berechtigte Frage, die in der Folge von verschiedenen Menschen unterschiedlich beantwortet wurde. Unser Anwalt meinte zwar, er könne das Verfahren durchaus auch ohne mich begleiten, aber auf der anderen Seite war die Frage, wie lange sich alles hinziehen würde und ob ich gegebenenfalls überhaupt noch einmal ins Land kommen könnte. Es war wirklich keine leichte Entscheidung, letztlich buchte ich aber dann für Renate und mich für Ende Oktober einen Flug nach Stuttgart. Hier war ja auch die Zentrale von Co-Workers International, wir konnten also ein Gespräch führen und von dort dann weiter nach Vorarlberg. Dort hatte Renate nach längerem Suchen eine Unterkunft für uns gefunden.

Ohne Notebook hatte ich die betenden Freunde nur via Handy über meinen Verbleib informieren können. Viele Adressen fehlten mir allerdings. Nur wenn jemand in diesen Tagen persönlich nachfragte, konnte ich ihr oder ihm Nachrichten von uns übermitteln. Als Renate kam und auch meinen Computer mitbrachte, konnte ich allen das Folgende schreiben:

Gott hat das Wunder getan, das viele von euch erbeten haben – er brachte mich ohne große Komplikationen und mit Einreisestempel ins Land; ich weiß bis heute nicht, wie das geschehen ist. Viele der Geschwister hier fragen auch danach und ich kann immer wieder nur antworten: Ich kann es nicht sagen oder erklären.

Die Aussage eines alten Bruders (Onkel R. – inzwischen 90 Jahre alt und einer der Ersten, die hier bei uns getauft wurden) hat mich besonders berührt. Er erklärte mir gestern am Telefon, dass er ganz besonders für meine Rückkehr gebetet und zu Gott gesagt habe: »Ich wünsche mir nur das eine: dass Hans zurückkehrt, mit dem ich einen so langen Weg gemeinsam gegangen bin.« Es scheint, dass der Herr uns noch irgendwie im Land gebrauchen will. Wie das genau aussehen wird, wissen wir nicht, aber er weiß es.

Mit dem Anwalt hier in der Stadt hatte ich bereits einige Treffen (auch er war völlig überrascht) und die Gegenseite, sprich der türkische Staat, hat eine ca. fünfseitige Rechtfertigung ihrer Anklage gegen mich erstellt. Nur an einer Stelle allerdings wird der eigentliche Grund der Anklage deutlich, und das ist wie vermutet die christliche Arbeit. Nur ist dies, wie ja schon erklärt, kein Grund, der nach den Gesetzen hier haltbar wäre.

Am 23. Oktober gibt es übrigens eine Pressekonferenz in Berlin, wo unter anderem unser Fall zur Sprache gebracht werden soll. Mit einigen Regierungsvertretern in Deutschland und Österreich stehen wir weiter in Kontakt. Und so dürfen wir gespannt sein, wie es weitergehen wird…

Die Pressekonferenz in Berlin hatte ich nach meiner erneuten Einreise natürlich absagen müssen. Einer der anderen Ausgewiesenen (es gab ja leider genug Auswahl…) gab als Betroffener Auskunft.

Bis zum Abreisetag versuchten wir noch manches zu organisieren, hatten etliche Begegnungen mit Einheimischen und nahmen an einem offiziellen Eröffnungsgottesdienst unserer mittlerweile schön gestalteten neuen Räumlichkeiten teil. Auch das machte Gott möglich! Andere kleine Gemeinden aus unserer Provinz kamen hinzu und feierten mit uns. Wie besonders war das, gab es doch hier vor ca. 25 Jahren noch keine einzige Gemeinde. Wir gaben Gott die Ehre. Einzig machte uns traurig, dass unser alter Bruder Richard nicht dabei sein konnte. Er war zuvor krank geworden.

Kurz vor unserer Abreise besuchte uns ein junges einheimisches Ehepaar aus Istanbul, das sich verändern wollte. Samuel ist Journalist und schreibt für einen christlichen Nachrichtendienst. Seine Frau und er wollten schon seit längerer Zeit mehr in der Natur leben und träumten von einem Garten. In einem unserer Gespräche erwähnte ich unsere Farm, die aus zwei gesonderten Grundstücken besteht. Das junge Paar entschied bereits bei der ersten Besichtigung, sich auf der Farm niederlassen zu wollen, uns einen Teil abzukaufen und während unserer Abwesenheit auch auf unseren Teil zu schauen.

Abgesehen davon war unsere Zukunft keineswegs geklärt. Inzwischen hatte auch das Immigrationsamt und damit der türkische Staat einen Anwalt beauftragt. Dieser schrieb die besagte fünfseitige »Rechtfertigung« meiner Ausweisung. Darin waren einige sachliche Fehler enthalten, weshalb Cüneyt Bey eine Entgegnung von unserer Seite schrieb. Wie lange das Ganze gehen würde, war nicht klar. Immer wieder versuchte das lokale Gericht, detailliertere Informationen von der Regierung einzuholen. Zuerst hatte sie die Immigrationsbehörde angeschrieben. Danach sollte das Innenministerium Auskunft geben – letztlich der türkische Geheimdienst. Der antwortete später, dass meine Sache zu geheim sei, um sie dem Gericht offenlegen zu können...

Was dem Versteckspiel wirklich zugrunde liegt, ist für uns klar: Es gab und gibt keinen wirklichen Grund, mich nach zwanzigjähriger Aufenthaltserlaubnis auszuweisen. Unsere christliche Arbeit kann durch die von der Türkei unterzeichneten Menschenrechte und die eigenen Gesetze des Landes als Grund nicht genannt werden, ist es aber de facto. Das wissen auch die Behörden, doch sie versuchen ihr Spiel zu spielen, so lange es geht. Bei dem bereits erwähnten Bekannten von mir ging dies über zehn Jahre.

Am Tag vor unserer geplanten Abreise erhielten wir frühmorgens einen Anruf aus Österreich. Am anderen Ende meldete sich eine Pflegerin aus dem Wohnheim von Renates Mutter in Feldkirch. Sie teilte uns mit, dass meine Schwiegermutter in der Nacht verstorben sei. »Sie hat es doch nicht mehr geschafft«, meinte Renate unter Tränen. Sie hatte gehofft, dass wir sie noch einmal sehen können würden. Auf der anderen Seite tröstete sie sich mit der Erinnerung, dass sie ja in diesem Jahr mehrere Wochen bei ihrer Mutter hatte sein können und mit ihr auch eine gute Zeit erlebt hatte.

Der Tod stellte noch einmal unsere Reiseplanung infrage. Sollte ich unter diesen Umständen wirklich mitkommen? Kürzlich hatten wir mit einem weiteren Ausgewiesenen telefoniert. In dem Zusammenhang erfuhr ich, dass man wohl den jungen Beamten, der mich am Flughafen hatte passieren lassen, ins Verhör genommen hätte. Vermutlich würde eine erneute Wiedereinreise sehr schwer, wenn nicht unmöglich sein. Was sollte ich tun?

Letztlich entschied ich mich, die Vorbereitungen für die Reise fortzusetzen. Wenn der Herr mich davon abhalten wollte, könnte er das tun. Es war auch gar nicht gesagt, dass ich ohne Schwierigkeiten überhaupt wieder ausreisen konnte. Ein weiteres Argument war für mich Mareike, die sich zunehmend besser mit Hanna verstand. »Die beiden werden in unserer Abwesenheit ein gutes Team bilden«, dachte ich mir. Da konnte man getrost eine Zeit lang weg sein, und sicher würde es auch Hannas Selbstständigkeit fördern. Unser kleines Reihenhaus hatten wir ohnehin schon auf sie umgeschrieben. Auch wollte ich Renate im Blick auf Vorbereitung und Durchführung der Beerdigung und all der damit zusammenhängenden Aufgaben unterstützen.

So erledigten wir also unsere letzten Einkäufe, besorgten manche Mitbringsel für Europa und verabschiedeten uns hier und dort. Unser treuer Taxifahrer Ahmet sollte uns zum Busbahnhof fahren, der alte LT war für die beiden jungen Mädchen doch etwas zu groß. Sie standen bei unserer Abfahrt winkend vor dem Haus. Wieder einmal wussten wir nicht, wann und unter welchen Umständen wir uns wiedersehen würden …

Unterwegs sprach ich mit Ahmet noch über die Umstände meiner Ausweisung aus der Türkei. Er entschuldigte sich fast für das auch für ihn unverständliche Verhalten der Regierung. Hier in unserer Stadt, hier, wo die Menschen uns vielfach kannten, hatten wir weniger Probleme und viele Sympathisanten. Interessant, oder?

Wir kamen gut am Flughafen an. Da wir diesmal einen Direktflug gebucht hatten, ging alles verhältnismäßig schnell. Bei der Passkontrolle gab es keine Probleme und wir mischten uns im Flugzeug unter viele Touristen, die sicher eine gute Zeit in der Türkei erlebt hatten. Es ist ja auch ein schönes Land, voll interessanter Natur und großartigen Zeugen der langen Geschichte. Es war der 29. Oktober – in der Türkei ein Staatsfeiertag. Die Stewardess im Flugzeug erinnerte in einer Ansage daran und viele im Flugzeug klatschten begeistert. Der Tag der Republik: Vor 96 Jahren war die Türkei nach den Wirren des Ersten Weltkrieges mit neuen Grenzen zur Republik ausgerufen worden. Wie viel hatte sich in den Jahren danach getan! Da waren die Anstrengungen Kemal Atatürks, dem »Vater der Türken«, sich in Sprache, Schriftzeichen, Gesetzgebung, Kleidung und Kultur dem europäischen Westen zu nähern. Das Militär, Hüter dieser Reformen, hatte andere Kräfte niedergeschlagen, die dem entgegenwirken wollten, um wieder eine mehr islamisch geprägte Türkei aufzurichten. Was zuvor viele nicht geschafft hatten, schien der jetzigen Regierung allerdings gelungen zu sein. Man war sozusagen auf dem Weg zurück. Und das waren auch wir, Renate und ich. Auf dem Weg zurück nach ungefähr zwanzig Jahren Leben in einem Land, dessen schneller Wandel nicht nur uns in diesen Tagen bewusst war. Auf dem Flug stellte ich meine Uhr um zwei Stunden zurück. Die Regierung hatte ja beschlossen, die Zeitumstellung in der Türkei zu beenden. Sie behielt damals jedoch die Sommerzeit als Standard. Und entfernte sich damit noch weiter von Europa…

21
»SIEHE, ICH WIRKE NEUES!«

Ich sitze, während ich diese Zeilen schreibe, an einem kleinen Schreibtisch in Vorarlberg/Österreich. Von dort blicke ich nach draußen auf den Stadtfriedhof von Feldkirch und die dahinterliegenden, zum Teil schneebedeckten Berge. Es ist inzwischen 2020 geworden. Noch dazu hat ein neues Jahrzehnt begonnen. Noch immer bin ich froh über Bürger- und Menschenrechte hier in Europa. Zwar gibt es verschiedene Herausforderungen, aber doch stimmen noch manche Grundlagen. Wenn sie die Grundfesten umreißen, was soll dann der Gerechte ausrichten?, fragte König David ja bereits vor ca. 3000 Jahren in Psalm 11,3. Wenn Grundfesten der Meinungs- und Glaubensfreiheit, der Rechtsstaatlichkeit etc. umgerissen werden, wird es schwer für den Menschen. Vor den hier geschilderten Ereignissen habe ich mir ehrlich gesagt zu selten Gedanken im Blick auf diese uns garantierten Rechte gemacht. Lassen Sie uns bitte, bitte aufrechterhalten, was wir uns nicht ohne Kampf und Gegenwehr in unserer westlichen Zivilisation aufgebaut haben!

Von den deutschen Behörden wurde mir noch eine Information der türkischen Seite übermittelt, die für mich aber nichts Neues enthielt. Den »Rechtsweg« hatten wir ja schon lange zuvor eingeschlagen …

Sehr geehrter Herr Louven,
wie Sie wissen, hat die Botschaft Ankara nach Ablehnung der Verlängerung Ihrer Aufenthaltserlaubnis durch die Migrationsbehörde Ihren Fall beim türkischen Außenministerium anhängig gemacht. Meine Kollegen in Ankara haben nun eine Antwort aus dem Außenministerium erhalten:

Darin wird zunächst die Zuständigkeit der Gouverneursämter angezeigt, welche die Bewertung von Aufenthaltsanträgen vornehmen. Bezüglich Ihres abgelehnten Antrags auf Aufenthaltserlaubnis weist das Außenministerium auf die Möglichkeit des Rechtsweges hin.

Soweit ich informiert bin, läuft Ihr Verfahren noch vor dem Verwaltungsgericht in Muğla. Ihr Anwalt, Herr Cüneyt Ö., hat dem Generalkonsulat dazu einige Informationen gegeben. Eine Antwort des Gouverneursamtes zum Code N 82, welches das Gericht angefordert hatte, steht demnach noch aus. Sollte sich etwas Neues im Verfahren ergeben, wäre ich Ihnen für eine kurze Rückmeldung dankbar.

Mit freundlichen Grüßen

Generalkonsulat der Bundesrepublik Deutschland

Das Auswärtige Amt schrieb am gleichen Tag:

Sehr geehrter Herr Louven,

das Bundeskanzleramt hat das Länderreferat im Auswärtigen Amt gebeten, Ihnen zu antworten.

Wie Sie wissen, steht das Generalkonsulat Izmir weiterhin mit Ihrer Tochter und Ihrem Anwalt in Kontakt und begleitet das laufende Gerichtsverfahren gegen die Ablehnung Ihrer Aufenthaltsgenehmigung. Auch die Botschaft Ankara verfolgte die Angelegenheit aufmerksam gegenüber dem türkischen Außenministerium. Eine Antwort der türkischen Behörden auf die Anfrage der Botschaft erhielten wir Anfang Dezember. Darin wird auf den von Ihnen bereits eingeschlagenen Rechtsweg verwiesen. Das Generalkonsulat Izmir hat Sie darüber heute informiert.

Uns ist bewusst, dass die gegenwärtige Situation für Sie und Ihre Familie eine große Belastung darstellt. Es ist erfreulich, dass Sie im Oktober zumindest vorübergehend in die Türkei zurückkehren konnten. Die Bundesregierung setzt sich weiterhin nachdrücklich dafür ein, dass die türkischen Behörden Ihnen zügig und transparent die Rechtsmittel gewähren, die Ihnen zustehen.

Wir bedauern, Ihnen zum aktuellen Stand keine günstigere Auskunft geben zu können, hoffen aber weiter, dass unsere gemeinsamen Bemühungen zum Erfolg führen werden.
Mit freundlichen Grüßen

Auswärtiges Amt, 10117 Berlin

Inzwischen lehnte das lokale Gericht in der Provinzhauptstadt unser Gesuch um Aussetzung meiner Ausweisung in erster Instanz ab. Das überraschte nicht nur unseren Anwalt. Noch am gleichen Tag legte er Widerspruch ein. Er fragte zu Recht, wie es denn sein könne, dass man zunächst so lange für eine Urteilsfindung brauche und dann ohne für uns sichtbare neue Argumente doch einen Entschluss fasse. Auch klagte er an, dass immer noch kein Grund für meine Aussendung benannt sei. Und letztlich stellte er die Frage, an wen sich der Mensch in der Türkei denn sonst noch wenden solle, wenn er zu seinem Recht kommen wolle ...

Mutig. Nun ist unser Antrag auf Aussetzung an das nächsthöhere Gericht gegangen, das in Izmir (dem alten biblischen Smyrna) beheimatet ist.

Die Beerdigung von Renates Mutter verlief ausgesprochen gut. In Absprache mit dem lokalen Pfarrer konnte Renate aus dem nicht leichten Leben ihrer Mutter berichten, wurden Glaubenslieder auf der Gitarre begleitet und freie Gebete gesprochen. Da unsere derzeitige Bleibe ja direkt gegenüber dem Friedhofseingang liegt, konnten wir die Trauergäste gleich zum Kaffee zu uns einladen.

Auch sonst merken wir deutlich, dass Gott auch hier in Österreich für uns sorgt und Aufgaben bereithält. Gerade gestern konnten wir ein Entdecker-Bibellesen mit einem Mann aus dem Walsertal durchführen. Er hat in seiner Vergangenheit schon viel Schweres durchgemacht und wir beten, dass er bei Jesus den Halt für sein Leben findet.

Ganz in diesem Sinne schrieb uns dann auch ein Bekannter aus Österreich ermutigend:

Lieber Hans-Jürgen,
ich wünsche euch von Herzen, dass die höhere Instanz in Izmir/Smyrna gerecht entscheidet. Solltet ihr weiter aus der Türkei ausgesperrt bleiben, habt ihr ja schon erfahren, dass es Suchende und Verlorene auch bei uns gibt, leider nicht so viele Offene. Als ich ein junger Christ war (bin jetzt 66), hatten viele junge Christen Angst, der Herr könnte sie nach Afrika senden. Das wäre auch für mich eine Schreckensvision gewesen. Aber es gibt so viele Atheisten, Agnostiker, Verzweifelte etc. in Wien, Linz oder Graz, oder auch in den Dörfern, wo jeder jeden kennt und daher viele nicht wagen, über ihre Probleme zu sprechen. Übrigens, Mao hat anlässlich der Kulturrevolution alle Missionare aus China ausgewiesen und viele lokale Christen umbringen lassen, in der Überzeugung, das »Problem« Christentum dadurch lösen zu können. Das Ergebnis ist bekannt! Analoge Ergebnisse, wenn auch nicht mit so spektakulären Zahlen, hat die Ausweisung der Missionare aus Indien gebracht. Ich bin mir allerdings dessen bewusst, dass unsere türkischen Geschwister Schulung und Ermutigung brauchen. Ich habe an einer Konferenz in Istanbul teilgenommen und daher einige kennengelernt.

Derzeit freuen wir uns auf einen Besuch von Hanna, die für fast drei Wochen anlässlich ihrer Semesterferien zu uns nach Europa kommen will. Sie wird einige Mitbringsel aus der Türkei mitbringen. Dinge, die uns selbstverständlich und vertraut waren in unserer alten Heimat am Rande des Orients. Doch wo letztlich ist Heimat …? Ist sie nicht gerade dort, wo Gott uns heute einen Platz bereitet hat? Und letztlich wird irgendwann einmal Jesus selbst eine ewige Wohnung für uns haben. Der »Sohn des Zimmermanns« (Matthäus 13,55) bereitet sie seit mehr als 2000 Jahren für die Seinen vor, für seine Freunde. Er selbst und diese ewige Gemeinschaft sind unsere Hoffnung und unsere Freude! Oder wie C. S. Lewis es einmal formulierte: »Es liegen weitaus bessere Dinge vor uns als alle, die wir zurücklassen.«

> So spricht der HERR, der im Meer einen Weg und in starken Wassern Bahn macht, der ausziehen lässt Wagen und Rosse, Heer und Macht – da liegen sie, stehen nicht wieder auf, sind verglüht wie ein Docht, erloschen: Gedenkt nicht an das Frühere und achtet nicht auf das Vorige! Denn siehe, ich will ein Neues schaffen, jetzt wächst es auf, erkennt ihr's denn nicht? Ich mache einen Weg in der Wüste und Wasserströme in der Einöde.
>
> *Jesaja 43,16-19*

Nachwort

Es ist inzwischen Frühjahr, Sommer und nun auch beginnender Herbst geworden. Noch vor einigen Monaten sah ich in der mich umgebenden Natur die Zeichen erwachenden Lebens. Knospen sprossen an den Obstbäumen, andere Bäume standen bereits in Blütenpracht. Eigentlich hätten die Menschen nach dem langen Winter zuhauf auf den Gassen und in den Straßen, auf den Feldern, Rheinauen und in den Parkanlagen der Großstädte zu finden sein sollen. Und doch war dem vielerorts nicht so. Ein uns allen inzwischen so bekannter Virus hat das Leben in Europa, in der Türkei und fast auf dem ganzen Erdkreis verändert. »Entschleunigt« sagen die einen, die dem noch etwas Positives abgewinnen können. »Schlimm« sagen die anderen, unter anderem im Blick auf die großen und noch gar nicht richtig abzusehenden wirtschaftlichen Folgen der Pandemie. Eines steht fest, nämlich dass viele unserer zuvor ach so großen Nöte und Probleme sich in der letzten Zeit sehr relativiert haben.

»Bleib gesund« wünscht man sich vielerorts und meint es auch so. Gesundheit ist ein wichtiges Gut in diesen Tagen. Und doch, das wissen oder ahnen inzwischen wieder mehr Menschen als noch vor einiger Zeit, nicht das Wichtigste. Diese »entschleunigten Tage« haben viele unter uns ins Nachdenken gebracht. Und Gott näher. Das ist gut so und wertvoll.

Welche Folgen die Pandemie auf das Leben in der Türkei und andere Länder der islamischen Welt haben wird, werden wir sehen. In der Türkei beging man erneut den von mir weiter oben beschriebenen islamischen Fastenmonat. Diesmal allerdings unter sehr anderen Vorzeichen. Bislang hat man sich ja nach dem Fastentag oft im größeren Familien- und Freundeskreis zum Fastenbrechen und zur Gemeinschaft getroffen. Das ist nun durch die gegebenen Vorzeichen ganz wegfallen oder war nur unter strengen Auflagen möglich. Es bedeutete für viele noch mehr Entschleunigung – mehr, als etlichen lieb sein wird.

Ja, diese Tage sind besondere Tage. Unsere Tochter studiert inzwischen in der Türkei meist über das Internet und ist gar nicht sicher, wie es mit ihrem geplanten Zweitstudium nach den langen Sommerferien weitergehen wird. Die Verhandlung unseres Widerspruches gegen die Ausweisung aus der Türkei wurde in der Zwischenzeit weiter in nächsthöherer Instanz verhandelt und wurde erneut ohne nähere Begründung abgewiesen. Nun sind wir mit unserem Fall vor das höchste Gericht des Landes, das »Grundgesetz-Gericht« gezogen. Hier soll nun von den Richtern geprüft werden, ob in den bisherigen Instanzen und Verfahren gegen Grundrechte des Menschen in der Türkei verstoßen wurde. Wir denken Ja… Wann genau und wie diese Verhandlung erfolgt, ist für uns ungewiss. Wie so vieles andere auch in diesen Tagen. Als Familie leben wir nach wie vor getrennt auf zwei verschiedenen Kontinenten. Während Renate und ich eine Zwei-Zimmer-Wohnung in Vorarlberg bezogen haben, lebt Hanna weiterhin in unserer Wahlheimat. Eine zumindest zeitweise gemeinsame Zukunft als Familie in der Türkei können wir uns aber alle vorstellen.

»Wir haben nichts in der Hand«, sagte vor einiger Zeit einmal ein türkischer Christ zu mir. Wie recht er hatte. Und er sagte dies vor Corona und nicht nur im Blick auf das Geschehen um uns herum in der Türkei…

Begleitwort von Volker Kauder

»Wir haben nichts in der Hand«, zitiert Hans-Jürgen Louven im Nachwort des vorliegenden Buches einen befreundeten türkischen Christen. Wie sehr man trotzdem – oder gerade deshalb? – in großer Not auf Gottes Vorsehung vertrauen und selbst in existenzieller Bedrohung im Glauben Beheimatung behält, beschreibt der Autor eindrücklich in seinem neuen Werk.

Familie Louven hat in den letzten beiden Jahren Situationen erleben müssen, die glücklicherweise auf die allermeisten europäischen Christen nicht zukommen. Gegen den eigenen Willen und entgegen der persönlichen Berufung wurde Herr Louven seiner langjährig aufgebauten Heimat in der Türkei verwiesen und lebt nun mit seiner Frau, aber getrennt von seiner Tochter, in Österreich. Die Familie muss nicht nur die Entfernung über zwei Kontinente, sondern auch die an ihnen geschehene Ungerechtigkeit und die unsichere Perspektive auf Rückkehr in ihre Wirkungsstätte in der Türkei aushalten. Sie trägt dabei die unerschütterliche Zuversicht auf Gottes Dasein und Wirken, deren Zeugnisse sich wie ein roter Faden durch diesen Erfahrungsbericht ziehen.

Ebenso regelmäßig begegnet man im Buch der innigen persönlichen Verbindung zu Land und Leuten. In warmherzigen Beschreibungen von kulturellen Gepflogen- und Eigenheiten, Festen, Traditionen und auch dem türkischen Bildungssystem gewinnt der Leser mitunter humorvolle Einblicke in das Leben der Einheimischen und die große Beziehungsorientierung der Kultur. Die Darstellung des eigenen Wirkens ist über allen Gegenwind hinweg geprägt von der Begeisterung an der Sache Jesu, von Freundschaften und Begegnungen und ermöglicht eine Teilhabe an Ängsten und Hoffnungen der Familie.

Die Biografie von Hans-Jürgen Louven ist aber nicht nur ein Beitrag zur Völkerverständigung, sondern ebenso ein klares Plädoyer für die Menschenrechte und Rechtsstaatlichkeit sowie ein wichtiger Erfahrungsbericht über die Lage der Religionsfreiheit in der Türkei. Das Buch zeigt einmal mehr, welch hohes Gut uneingeschränkt gewährte Freiheitsrechte – besonders auch die Religionsfreiheit – sind und wie entscheidend es ist, die weltweit vorherrschenden Defizite aufzuzeigen, um Politik und Gesellschaft beständig dafür zu sensibilisieren. Die Weltgemeinschaft steht in der gemeinsamen Verantwortung, auf Menschenrechtsverletzungen hinzuweisen und sich aktiv für ihre Aufarbeitung und Beseitigung einzusetzen. Je deutlicher und offener Menschen ihre persönlichen Erfahrungen teilen, desto eher und gezielter können die verantwortlichen Akteure reagieren und zusammenarbeiten.

Der vorliegende Bericht verdeutlicht dagegen die Hinderungsgründe für einen Beitritt der Türkei zur EU. Als Wertegemeinschaft muss sich die EU für die Wahrung der Demokratie und Menschenrechte in allen Mitgliedsstaaten einsetzen und kann kein Land mit freiheits- und menschenrechtlichen Verstößen in ihre Reihen aufnehmen. Gleichwohl kann sie unterstützend beim Aufbau und der Sicherung moderner und menschenfreundlicher Strukturen in interessierten Staaten beraten und Vorbild sein. Hier liegt noch ein weiter Weg vor uns, der nur im Dialog mit beteiligten Einzelpersonen wie Familie Louven und in Zusammenarbeit mit internationalen Ministerien und Instituten weiter beschritten werden kann.

ANHANG

ZUM THEMA RELIGIONSFREIHEIT IN DER TÜRKEI

Bericht der »Freedom of Belief« Initiative des Norwegischen Helsinkikomitees 2019

In dem kürzlich erschienenen Bericht wird der Stand des Schutzes des Rechts auf Religions- bzw. Glaubensfreiheit in der Türkei auf der Grundlage der internationalen Menschenrechtsnormen untersucht und werden Empfehlungen abgegeben, um Gesetze und deren Vollzug in Einklang mit internationalen Menschenrechtsstandards zu bringen. Gute Praktiken werden hervorgehoben.

Nachstehend einige der wesentlichen Feststellungen des Berichts:

- Ungeachtet der zahlreichen internationalen und innerstaatlichen Verpflichtungen der Türkei im Bereich der Religionsfreiheit bedürfen zahlreiche Aspekte des türkischen Rechts und dessen Umsetzung noch Änderungen, um Verletzungen der Religions- bzw. Glaubensfreiheit abzustellen.

- Zahlreiche anlässlich der Erstellung dieses Berichts Befragte gaben an, dass Personen, deren Religion oder Weltanschauung nicht der sunnitische Islam ist, aufgrund ihres Religionsbekenntnisses, Religionswechsels oder ihrer Religionslosigkeit Druck und Diskriminierung in der Familie, am Arbeitsplatz und in der sozialen Umgebung ausgesetzt sind, obwohl es gesetzliche Garantien gegen Diskriminierung dieser Art gibt. Betroffen sind Atheisten, Konvertiten zum Christentum, Aleviten und andere nicht muslimische Minderheiten.

- Während des Beobachtungszeitraums von Januar 2016 bis März 2019 kam es zu Angriffen, Drohungen und Einschüchterungen gegen Gottesdienststätten und den mit diesen verbundenen Menschen, wobei die Täter meist straflos blieben. Um diese Dynamik zu durchbrechen, wäre eine wirksame Überwachung und Berichterstattung über Hassverbrechen aus religiösen Gründen erforderlich und insgesamt eine ganzheitliche Strategie zur Verhütung von Hassverbrechen im Allgemeinen.

- Die Türkei anerkennt nach wie vor kein Recht auf Wehrdienstverweigerung aus Gewissensgründen. Anstelle von Haftstrafen werden derzeit Geldstrafen gegen Wehrdienstverweigerer verhängt. Diese sind zwar geringer als früher, aber häufiger geworden.
- Die Anerkennung von öffentlichen Gottesdienststätten wird weiterhin durch systematische Hindernisse blockiert. Betroffen sind insbesondere Aleviten, Protestanten und Zeugen Jehovas. Die Türkei hat die in Entscheidungen des Europäischen Gerichtshofs für Menschenrechte geforderten allgemeinen Maßnahmen zur Verhütung der Wiederholung derartiger Ereignisse nicht umgesetzt.
- Die Versammlungsfreiheit der Religionsgemeinschaften wird massiv behindert, da es seit 2013 keine Regelungen für die Wahlen der Leitungsorgane von Stiftungen nicht islamischer Gemeinschaften gibt. Die alten Regelungen wurden außer Kraft gesetzt und die Erstellung neuer Bestimmungen angekündigt, die bis heute nicht erlassen wurden.
- In der Türkei war bisher noch keine Religionsgemeinschaft in der Lage, Rechtspersönlichkeit als Glaubensgemeinschaft zu erlangen. Religiös motivierte Vereine können gegründet werden. Diese Möglichkeit wird von zahlreichen Gemeinschaften genutzt, zum Beispiel um Gottesdienststätten eröffnen oder karitative Tätigkeiten ausüben zu können.
- Im türkischen Bildungssystem werden entgegen internationaler Menschenrechtsverpflichtungen die Gedanken-, Gewissens- und

Religionsfreiheit der Kinder und das Recht der Eltern auf Erziehung ihrer Kinder in Übereinstimmung mit ihren religiösen oder philosophischen Ansichten nicht respektiert. Entscheidungen des Europäischen Gerichtshofs für Menschenrechte in diesem Bereich wurden nicht umgesetzt.

- Der als Wahlfach angebotene Religionsunterricht berücksichtigt die Vielfalt religiöser Anschauungen nicht. Dieses Wahlfach wird oft im Paket in Kombination mit anderen Wahlfächern angeboten, sodass Schüler, die sonst keinen Religionsunterricht besuchen würden, zur Teilnahme gezwungen sind.
- Die Öffnung von Schulen für religiöse Symbole und Praktiken wurde bisher nur für die Symbole und Praktiken des sunnitischen Islams umgesetzt.
- Die 2015 begonnenen Sicherheitsoperationen gehen in verschiedenen Provinzen Südostanatoliens weiter. In deren Folge kam es zu schweren Menschenrechtsverletzungen und Schäden an Kulturgütern. Die Zusammenstöße in Diyarbakir haben zu Entwicklungen geführt, die sich auch auf die Religionsfreiheit ausgewirkt haben. Die Auswirkungen auf die kleinen armenischen und syrischen Gemeinschaften waren so stark, dass ihr Verbleib in Diyarbakir ungewiss ist.
- Die seit 2012 bestehende Möglichkeit, Individualanträge beim Verfassungsgerichtshof einzubringen, bietet neue und ermutigende Möglichkeiten zur Lösung wichtiger Probleme im Bereich der Religions- bzw. Glaubensfreiheit und Menschenrechte im Allgemeinen auf nationaler Ebene. Doch bisher hat der Verfassungsgerichtshof nur über wenige der Anträge entschieden. Anträge zu den wichtigsten Fragen sind nach wie vor anhängig, so auch die Entscheidung über die Möglichkeit der Wehrdienstverweigerung aus Gewissensgründen. In Entscheidungen gegen exzessiv laute Gebetsrufe aus den Lautsprechern der Moscheen und bezüglich

des Kopftuchtragens hat das Höchstgericht eine liberale Position eingenommen. Weiters wurde der Antrag auf Umwidmung der Hagia Sophia, die seit Jahrzehnten als Museum dient, in eine Moschee, abgewiesen.

Quelle der deutschen Kurzfassung: Arbeitskreis Religionsfreiheit (AKREF) der ÖEA (Österreichische Evangelische Allianz)

Aktueller Menschenrechtsbericht protestantischer Kirchen in der Türkei 2020

Viele Ausweisungen ausländischer Christen

Bonn, 20.06.2020. Der aktuelle Menschenrechtsbericht der »Vereinigung Protestantischer Kirchen« der Türkei (TeK) ist jetzt in deutscher Übersetzung erschienen. Dieser Menschenrechtsbericht wird seit 2007 von der türkischen evangelischen Gemeinschaft herausgegeben und seit einigen Jahren vom Internationalen Institut für Religionsfreiheit (IIRF) zusätzlich in einer deutschen Übersetzung veröffentlicht. Die TeK »betont die Bedeutung der Religions- und Glaubensfreiheit und setzt sich dafür ein, dass diese für jeden Menschen und an jedem Ort verwirklicht wird«. Um dazu einen Beitrag zu leisten, wird dieser jährliche Bericht erstellt, der spezifisch die Lage der protestantischen Gemeinschaft in Bezug auf Religions- und Glaubensfreiheit beschreibt. Dabei werden positive Entwicklungen ebenso dargestellt wie andauernde Schwierigkeiten und substanzielle Menschenrechtsverletzungen.

Im Jahr 2019 war insgesamt ein deutlicher Rückgang von Hassdelikten in Form tätlicher Angriffe gegen evangelische Christen, Organisationen und Kirchen zu verzeichnen. Auch verbale oder schriftliche Hassreden nahmen im Jahr 2019 im Vergleich zum Vorjahr ab, sind aber trotzdem ein ernsthaftes Problem, besonders wenn sie über große Tageszeitungen oder Fernsehprogramme verbreitet werden. Gerade zu Weihnachten und Silvester gab es vermehrt Kampagnen gegen das Feiern dieser Feste, wobei auch Silvester als spezifisch christliches Fest wahrgenommen wurde. Da auch öffentliche Institutionen an diesen Kampagnen teilnahmen, »wurde eine intensive Atmosphäre des Hasses geschürt«, so der Bericht.

Leider gab es auch im Jahr 2019 keine Einladungen an Vertreter der evangelischen Gemeinschaft, »an durch die Regierung oder offizielle Organisationen veranstalteten Treffen von religiösen Gruppierungen teilzunehmen«. Dagegen sei der »beste Dialog der mit der Polizei und den Sicherheitskräften« gewesen, wodurch die Gottesdienste und religiösen Feiertage von den Gemeinden ohne Zwischenfälle gefeiert werden konnten.

Im Juli 2019 urteilte ein Verwaltungsgericht in Malatya, dass den Gouverneur der Provinz Malatya und das Innenministerium keine Schuld am Mord der drei Christen treffe, die am 18. April 2007 ermordet worden waren. Die an die Hinterbliebenen gezahlte Wiedergutmachung müsse deshalb mit Zinsen an den Staat zurückgezahlt werden. Gegen dieses Urteil haben die Betroffenen Berufung eingelegt. Susanne Geske, Witwe von Tilmann Geske, bestätigte gegenüber Bonner Querschnitte, dass der Prozess nach wie vor laufe. Sie hoffe sehr, dass sie und die anderen Hinterbliebenen die Summe nicht zurückzahlen müssen.

Ein sehr großes Problem stellte 2019 die zunehmende Praxis dar, ausländische Christen, die in den türkischen Gemeinden aktiv mitgearbeitet haben, aus dem Land auszuweisen und sie mit einer grundlegenden Einreisesperre zu belegen. Im Jahr 2019 betraf das insgesamt 35 Protestanten, die Hälfte davon US-Amerikaner. Rechnet man die Familienangehörigen dazu, waren etwa 100 Personen betroffen. Keiner von ihnen hatte sich irgendetwas strafrechtlich Relevantes zuschulden kommen lassen. Die meisten haben viele Jahre in der Türkei gelebt, manche mehr als 20 Jahre. Sie haben zum Teil Wohneigentum und sollen häufig innerhalb von wenigen Tagen das Land verlassen. Manchen wurde vorgeworfen, an einer – seit 20 Jahren regelmäßig stattfindenden – christlichen Familienkonferenz oder an missionarischen Aktivitäten teilgenommen zu haben. Oft wird dann in der Konsequenz den Betroffenen vorgeworfen, sie seien eine »Gefahr für die nationale Sicherheit«. Diese schwerwiegenden Vorwürfe und die damit verbundene faktische Kriminalisierung der evangelischen Gemeinschaft in der Türkei wird von den türkischen Protestanten mit großer Betrübnis zur Kenntnis genommen und in der Sache deutlich zurückgewiesen.

Die Lage in dieser Sache hat sich in den ersten Monaten 2020 zugespitzt, wie die TeK in einer kürzlich veröffentlichten Presseerklärung deutlich machte. In einem aktuellen Fall wurde Joy Anna Subasigüller, der nichttürkischen Ehefrau von Lütfü Kerem Subasigüller, Pastor in Ankara, die Aufenthaltsbewilligung entzogen und sie zum Verlassen des Landes innerhalb von zehn Tagen aufgefordert. Der Ehemann und die drei kleinen Kinder (viereinhalb Jahre, zweieinhalb Jahre und drei Monate alt) sind türkische Staatsbürger. Die Ausreisefrist ist vor wenigen Tagen abgelaufen. Frau Subasigüller muss damit rechnen, jederzeit abgeschoben zu werden. Abgesehen von der Frage, wie die Frau mit drei kleinen Kindern – oder gar ohne sie – während der Corona-Krise in die USA reisen soll, wohin es aktuell kaum Flüge gibt, stellt der Ehemann fest: »Die Heimat meiner Frau ist hier in der Türkei.« Zudem habe sie nach dem Tod ihrer Eltern in den USA sowieso keine Anlaufstelle mehr. Die Familie hat Klage gegen die Ausweisung erhoben, die aber keine aufschiebende Wirkung hat.

Beobachter gehen davon aus, dass die verstärkte Ausweisung ausländischer Christen – in den vergangenen Jahren insgesamt etwa 200 – mit dem Fall um Pastor Andrew Brunson zu tun hat. Der Amerikaner hatte über 20 Jahre lang eine kleine Gemeinde in Izmir aufgebaut und geleitet, bevor er im Oktober 2016 unter dem Vorwurf verhaftet wurde, in den Putschversuch vom Sommer 2016 verwickelt gewesen zu sein, eine bewaffnete Terrororganisation unterstützt sowie Spionage betrieben und den Separatismus angeheizt zu haben. Auf starken Druck der amerikanischen Regierung hin wurde er, obwohl wegen Unterstützung einer Terrororganisation verurteilt, schlussendlich aus der Haft entlassen und konnte im Oktober 2018 in die USA ausreisen.

Die Vereinigung Protestantischer Gemeinden fordert den türkischen Staat dringend auf, die willkürliche Ausweisungspraxis gegen ausländische Mitglieder protestantischer Gemeinden zu beenden. »Den davon Betroffenen sind keine Vergehen vorgeworfen worden, und sie leiden einfach nur wegen ihres religiösen Glaubens: Das muss aufhören! Wenn entschieden werden soll, welche Personen geeignet sind, in unser Land einzureisen, muss die dabei angewandte Politik objektiv sein, für alle Menschen gleich sein und dem geltenden Gesetz unterstehen.«

Aktuell gibt es ca. 170 protestantische Gemeinden in der Türkei, wovon gut die Hälfte juristisch registriert ist. Etwa 20 Prozent sind als Stiftung eingetragen, die Mehrheit von 80 Prozent als Verein. Der juristische Prozess der Registrierung ist nach wie vor nicht einfach und recht aufwendig, sodass kleinere Gemeinden kaum eine Chance haben, sich auch nur als Verein zu registrieren. Erfreulicherweise können sich kleinere Gemeinden aber als Zweiggemeinden einer größeren, registrierten Gemeinde anschließen und so unmittelbar von den Stiftungs- bzw. Vereinsrechten profitieren. Die Gesamtzahl der evangelischen Christen in der Türkei wird aktuell mit ca. 8000 Gläubigen angegeben.

Downloads und Links:
- IIRF-Bulletin 1/2020: Bericht der Vereinigung Protestantischer Kirchen (TeK) über Menschenrechtsverletzungen in der Türkei in 2019: https://iirf.eu/journal-books/iirf-bulletin-german/iirf-bulletin-2020-1

- Pressemeldung der Vereinigung Protestantischer Kirchen vom 11.06.2020 https://www.bucer.de/fileadmin/dateien/Dokumente/BQs/BQ600ff/BQ656/Press_Release_TeK.pdf